ムーカンチャイのモンの棚田
（2000年）

黒タイが祖先に対してお供えをする十日に一度のパット・トンの日、必ず肉か魚料理が食卓に並ぶ。おこわを盛った皿は床の上に（２００９年　ラオス、フィエンガム村）

上／ルアンナムターの朝市の野菜売り場（２０１３年　ラオス）

下／ザルやカゴを売る行商人もタインホア省の人が多い。はるばる４００キロ以上、自転車でやって来た（２００７年　ベトナム、ソンラー省）

朝夕に道端で開かれる食料市。黒タイ、ムオン、モンなどがいるのが衣装からわかる（2019年　ベトナム、イエンバイ省）

黒タイの村で、物珍しそうに集まってきた子どもたち。市場にも物資が少なかったから、同じ服装の子が多かった
（1997年　ベトナム、ディエンビエン省）

ルアンナムターの盆地で収穫した稲を背負い、列をなし脱穀に向かう村人たち
（撮影：佐藤善秀　2019年　ラオス）

レンテンのカムさんが織りの準備作業を細かい刺繡で表現した豆敷
（提供：谷由起子　２０１０年ごろの作）

道を歩けば、神話

ベトナム・ラオス
つながりの民族誌

樫永真佐夫

左右社

目次

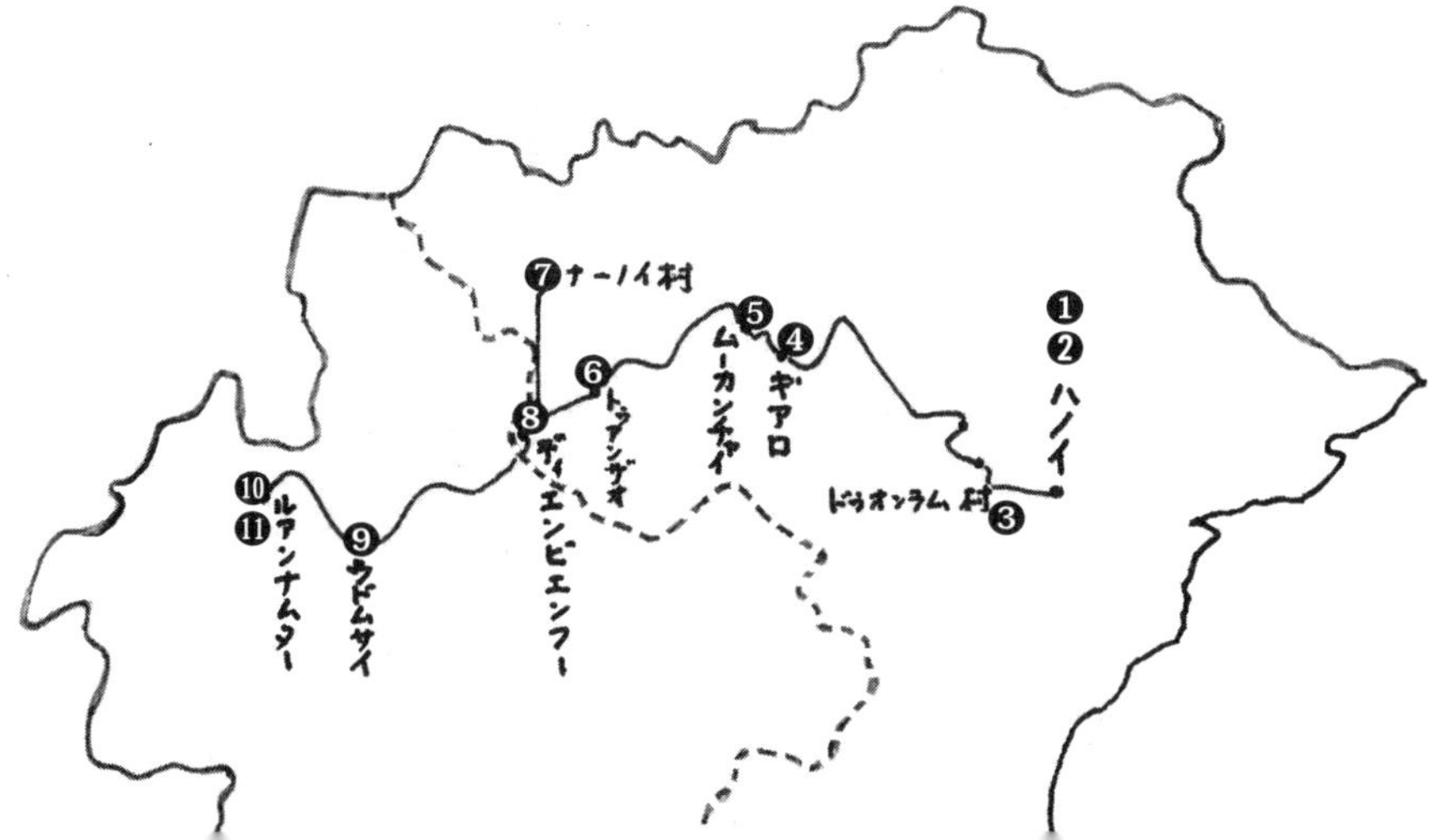
1
2
ハノイ
3
ドゥオンラム村
4
ギアロ
5
ムーカンチャイ
6
トゥアンザオ
7
ナーノイ村
8
ディエンビエンフー
9
ウドムサイ
10
11
ルアンナムター

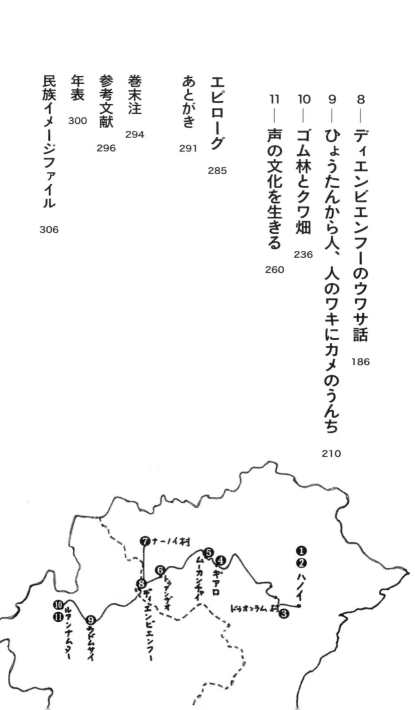

プロローグ

二〇一九年秋の暮れ、ハノイからルアンナムターまで約八〇〇キロ、十日間の旅をした。

「ラオスに連れて行ってもらえませんか」

きっかけはＳ氏のこんな誘いだった。

Ｓ氏とはかれこれ二十年のつきあいになる。彼は、世界各地の民族雑貨、衣装、フェアトレード食品、民族学関連書籍などの販売のみならず、研究者、探検家、作家、記者、マスコミ関係者、財界人などとの幅広いつながりを生かし、講演会、映画上映会、旅行企画、出版まで手がける事業家として、五十年近くも民族学の社会的営みを支え続けてきた。

そんな偉大な先輩にお声がけいただいて断るわけにはいかない。それに行くなら早いにこしたことはない。というのは都市部のみならず、地方でも近年の変化は激しいからだ。

たとえばラオス国境に近いベトナム西北部にある、わたしが長くかかわってきた黒タイとよばれる人々が暮らすとある村でも、二〇〇〇年代以降の変化はあまりに大きい。電気が来るのとほぼ同時に、テレビ、バイク、ケータイ、ガスが村中に普及した。伝統的な染織は廃れて民族衣装を身につける人も減った。

物質面の変化だけではない。テレビの普及にはじまる情報化と都市化は、土地の人のことばも精神も変えた。たとえば村では黒タイ語で話すのがあたりまえだったのが、ベトナム語使用がどんどん増えている。また、慣習に詳しい古老たちはつぎつぎと世を去り、そのいっぽうで、若者たちはスマホを手にして町や都会へ去ろうとしている。ラオスにしても、状況は似ている。

わたしが乗り気になったのには、個人的な理由もある。以前は一年のうち日本にいる期間の方が短かったくらいなのに、二〇一〇年代になると現地を訪ねるのも一年に一度、十日程度にまで減った。しかもいつも同じところで、同じ人にしか会っていない。だからS氏を案内がてら久しぶりの土地も訪ね、久しぶりの人にも会ってつながりを確認したくなったのだ。

ふりかえると、S氏が最初に口にしたのは、ラオスの村で染織を見たいという素朴な希望だった。わたしは、ルアンナムターなら黒タイの村にツテがあり、いくつかの民族の村で布づくりが見られるだろうと答えた。

どうせ黒タイの村に行くのなら、やっぱり本家本元のベトナム側にある黒タイの村も訪ねた方がおもしろい。陸路での国境越えとあわせて提案すると、それがS氏のツボにはまって、「そんなの、ふつうの旅行者にはゼッタイ無理ですよ!」とむやみに興奮してくれた。

せっかくだから、数十もの民族が雑居する東南アジア北部山地の地域性を存分に堪能してもらおう。そんなわけで陸路の始点はハノイ、終点をルアンナムターと決めた。するとほぼ必然的に国境越えはタイチャンになった。

次に、この三つの点をどうつなぐかだ。

タイチャン国境までのとおり道に、ナーノイ村とディエンビエンフーがある。ナーノイ村はラオスにとって建国の始祖クンブロムの誕生地だし、ディエンビエンフーはベトナムにとってフランスによる植民地支配からの独立を決定づけた栄光の戦勝地、しかも黒タイにとっては始祖ラン・チュオンゆかりの地だ。なら、ラン・チュオンの生誕地ギアロもはずせない。こうなったらついでにハノイからギアロへの道すがら、雄王《フンヴォン》神社も横目に見ていこう。雄王は政府公認のベトナム建国の祖なのだから。

ハノイからルアンナムターにいたるルートはこのようにして決まった。八〇〇キロに及ぶ一本の長い線が、ベトナムという国、黒タイという民族、ラオスという国の「はじまり」の地をつないでいる。S氏が所望する染織の手仕事については、道すがらそこかしこで見ることができるだろう。

二〇一九年十一月二十二日、われわれはハノイへと旅立った。結論からいえば、旅は順調だった。予定していた場所すべてを訪れ、会う予定だった人にもすべて会い、予定どおり十一月三十日にルアンナムターをあとにした。

だが旅を終えたわたしには、大きな悔いがあった。その理由は、S氏に対して現地の旅行ガイドとして十分な役割を果たせなかったことだ。

出発前は、ハノイでS氏にベトナムに詳しい知人たちを紹介し、わたしがかつてそこでどのように過ごしていたのかを披瀝《ひれき》し、ベトナムでもラオスでもふつうの観光客が来ないとっておきの場所に案内し、現地の知人たちを紹介し、また夜ごとにその日

北
ベトナム
&
ラオス
★ディエンビエンフー
・黒タイ第二の故地
・ベトナム独立(1954)記念の地
・ラオス北部少数民族の故地
★雄王神社
ベトナム(キン族)の故地
★ギアロ
黒タイの故地
★ドゥオンラム村
ベトナム王朝の故地
(＝ゴークェン(10c)の故郷)
★ナーノイ村
ラオスの故地
★ハノイ
現ベトナム&歴代王朝の都
紅河
イエンバイ
日本へ
ベトナム
ハノイ 11/22.23(金・土)
ムーカンチャイ
ギアロ 11/24(日)
トゥアンザオ
シンラー 11/25(月)
ディエンビエンフー 11/26(火)
ダー河
マー河
ウー川
ター川
ルアンナムター 11/28.29(木・金)
ウドムサイ 11/27(水)
ルアンパバン
★ラオスの古都
ジャール平原の遺跡
タインホア
ハイフォン
ラオス
絶景、ハロン湾
〽ハロンや ああハロンや ハロンや
(「松島」の俳句パクリ) byはせを
一寸法師みたいなお椀型の手こぎ舟
ビエンチャン
★現ラオス首都
メコン河

の復習と翌日の予習を饒舌に語るつもりだった。

だがハノイに着いた日のまさにその夜、わたしはいきなりの体調不良に陥った。喉の痛みと激しい咳により、口をきくのさえままならなくなった。こうなると、S氏に旅を味わい尽くしてもらおうというサービス精神など、あっけなくふっ飛んだ。旅のあいだ、わたしはできるだけ喉を休め、カラダも休め、スケジュールをこなすことだけに心を砕いていた。ついにS氏持参の常備薬を抗生物質からなにからすべて巻き上げ、S氏にいたわられ続け、そのおかげで無事帰国したのだった。

ガイドが客の足を引っ張るとは、なんというテイタラク！

そんなわけで、せめてもの罪滅ぼしに、わたしが現地でなにを語りたかったのかを書くことにした。もちろん、これは自身のおさらいのためでもある。

おさらいして、感心した。国や民族の「はじまり」って、たくさんあるものだな、と。そして気づいた。「はじまり」が共同体を本質から支えているのだ、と。だから「はじまり」の時と場所は記憶され、共同で「はじまり」を思い出し、メンバー同士の「つながり」を確認する儀式や祝祭が繰り返される。

一口に共同体といっても、いろいろある。ベトナムやラオスのような国民国家だったり、黒タイやキン族のような民族だったり、地域統合体としての「くに」だったり、もっと小さい地縁集団としての村だったり、血縁と婚姻関係でつながる親族だったり……。つまり、ここでいう共同体とは、メンバーシップが明確で、メンバーそれぞれに役割や義務があり、そのかわり困ったときには助けを期待したい人たちの集団のことだ。しかし家族や近親者ならいざ知らず、お互いに顔も名も知らない、ことばを交わしたこともないメンバー同士までもが、共同幻想を等しく更新して「つながり」を確認し合うには、なにかきっかけが必要だ。そのきっかけとして、「はじまり」はおあつらえ向きだ。というのは、「はじまり」は自分たちの「つながり」の理由について、そもそもから教えてくれるからだ。なぜ自分たちの今日がこうなのかについても、解釈するヒントを与えてくれるかもしれない。

「はじまり」の場に実際に立ち会った人なんて、年月が経てばいなくなるものだ。たとえどんな記録やモニュメントが残されていたところで、「はじまり」をめぐる生々しい記憶は風化し、あいまいになる。だから「はじまり」はあとからでもつくられる。逆説的だが、「はじまり」があって共同体ができるというより、共同体が「はじまり」をつくるのだ。共同体の「つながり」のために！

「つながり」……そういえば、このことばを東日本大震災のころからやたら耳にするようになった。ケータイやスマホのコマーシャリズムともむすびついて、無条件にすばらしいものとされている響きがあった。

わたしはそのことに少し違和感があった。「つながり」とは思いやり、助け合い、人情などで人を孤独から守ってくれるいっぽうで、きつく人を縛り重たくのしかかる息苦しいものではないか、と。

思い返せばベトナムやラオスで、黒タイの人々がたくさん暮らす地域にハマっていたころ、わたしの身と心はどっぷりと濃い「つながり」のなかにいた。黒タイの村人の生活習慣や思考回路を体得しようと、ある家族のなかに交じって衣食住を共にし、労働や作業に参加し、感情を打ち明け合うことなどもしていた。

この「つながり」は、ときにわたしをどこまでも優しく温かく包み込み、ときに激しく悩ませた。「つながり」ある世界には無数の愛憎が渦巻いているからだ。都会暮らしの気楽さも「つながり」を断てることにあったはずだ。

しかしよくよく考えてみると、今求められているのはそういう「つながり」ではない。そもそも共同体など志向していない。メンバーシップも、メンバーの役割も、義務も、ガチガチだったらしんどい。自閉的で気詰まりも煩わしさもない、互いに傷つけ合わない心地よい「つながり」だ。「はじまり」なんてのも面倒くさい。「いいね」とか、「かわいい」とか、耳触りだけよくて中身のないメッセージの交換で孤独を回避して、しんどくなったら断てる、そんな自由な関係性なのだ。しかもスマホというテクノロジーには、そんな快適な「つながり」に満ちた美しい世界への扉を開いてくれる期待があった。

こうしたスマホ的「つながり」を、旅から戻ってまもなくはじまったコロナ禍はさらに後押しした。他人との濃厚接触が悪となり、対面での直接的なコミュニケーションはかなり制限され、パネルや機器が介在する間接的なコミュニケーションを促したからだ。

わたしがいた黒タイの村にも、コロナ禍で足を運ばなかった四年のあいだにスマホは行きわたっていた。隣近所の村人同士でさえスマホでやりとりしている。そんな現実を、皮肉にもSNSによる村の若者との「つながり」のおかげで知った。

こうなるとS氏との旅が、濃厚接触あってこその親密さだった前時代最後の思い出になった。そうと気づけば、民族や国民の「つながり」について考えるべく、「はじまり」の神話の地をめぐって旅した十日間の意味も変わってくる。旅の回想が、わたしがベトナムとラオスに心を置いていた四半世紀の回想への入り口になった。ハノイからルアンナムターへと道行き、歩き、そして出会った土地ごとの神話を、あとでじっくり吟味していると、わたしがそれぞれの土地で深い「つながり」を得た人たちが、次々と思い出のなかからあらわれてくるのだ。その人たちがどのような「つながり」のなかで生きてきたのか、改めて思いを馳せずにはいられない。

その人たちの人生は、その「つながり」ゆえのものだった。だとすると、その人たちの「つながり」について書くことは、その人たちが生きてきた時代のベトナムとラオスの生活誌を書くことだ。次にはじまる十一話で、旅の道順に沿ってわたしはそれを書き綴る。思い出も、ウワサ話も、神話も、歴史もいっしょくたに、旅の回想として。

とはいえ、ひとえに昔を懐かしもうというのではない。これから先も、この旅の地を訪ねれば、豊穣で明るく歴史ある風土が、旅人を優しく包み込んでくれるだろう。屈託ない無数の笑顔が、温かく迎えてくれるだろう。だから、旅心を誘い、旅の道しるべとなる話、土地への興味が増す話を届けたい。神話はいつも、今のものとしてあったのだから。

さあ、出発しよう。神話の旅の玄関口、ハノイへ。

11月22日(金) 22:40〜 ハノイ

ノイバイ空港には一時頃到着したが、いつものことながら入国に異様に時間がかかった。手荷物受取所でS氏と落ち合い、外に出たころには三時だった。空港からニャッタン橋まではスムーズに進んだものの旧市街は渋滞していてホテルに着いたのは四時すぎ。チェックインして一休みし、夕方六時にホテルを出て「紀伊」に行って小松さんと会食。九時半頃まで喋り、ホテルに戻り、ラウンジでS氏と30分ほど話して解散。

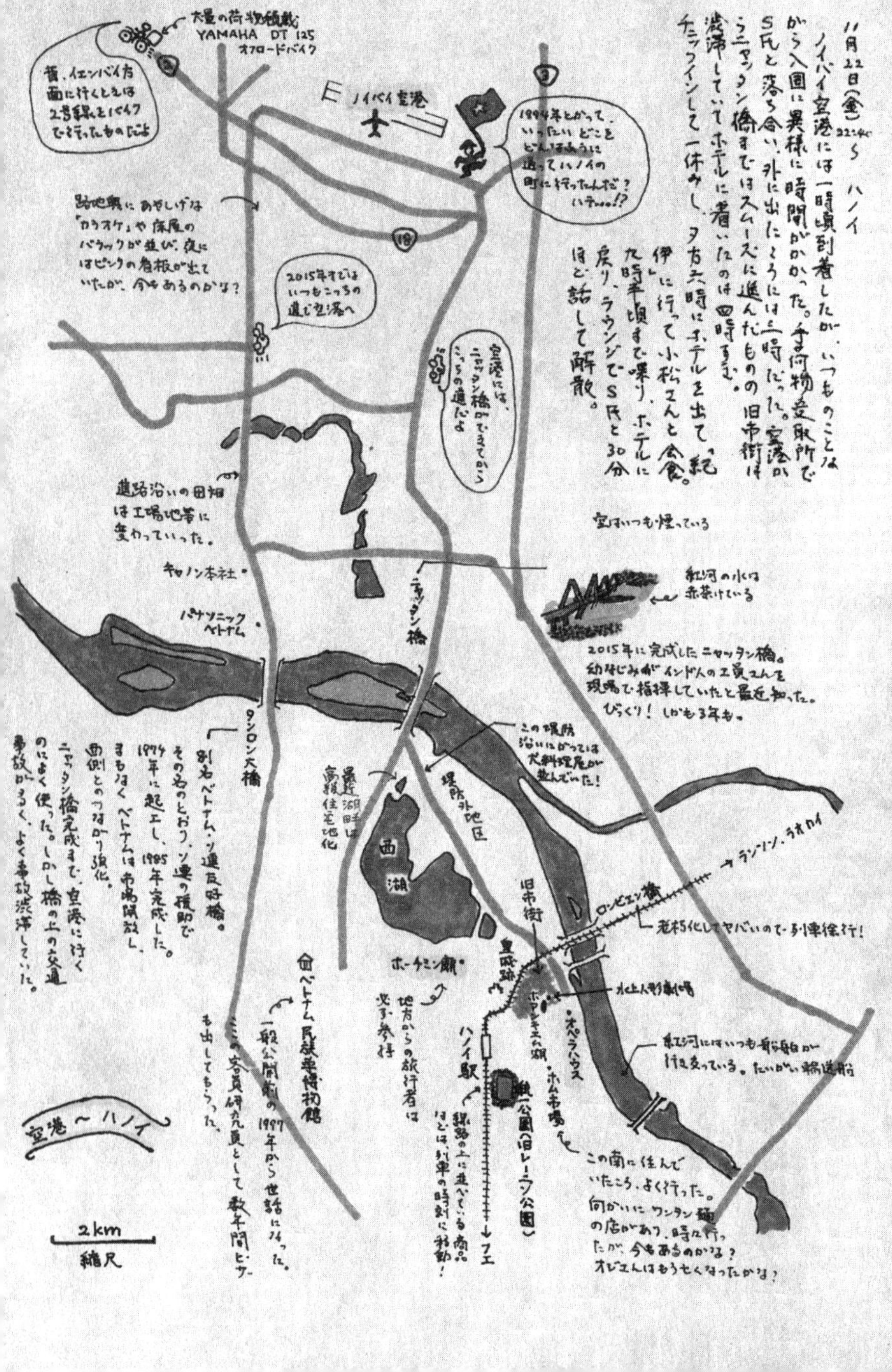

1

ハノイの日本人

Hà Nội

アメリカとの戦争も、市場経済化前の貧窮も、ベトナムにとってもはや過去の話だ。各国の工場用地に猛烈な勢いで沃野《よくや》が浸食されていく紅河《ソンホン》デルタのさまを、着陸間近の窓から目の当たりにしてそう思った。

ハノイ、ノイバイ国際空港の国際線ターミナルは新しく二〇一四年に竣工した。だが利便性に富んでいるはずのこの超近代的な大ターミナルに、いとも簡単に吸い込まれた旅客がすんなり外に吐き出されはしない。建物や機械などのハード面に、効率よくそれを動かす人や技術というソフト面が伴っていないのだ。それでこそベトナム。やたらに時間がかかった。

長い廊下の先にある入国審査カウンター前にたどり着くと、ただの人だかりに近い長蛇の列。しかも不運にも並んだ列がハズレだった。

半分は嫌がらせだろう、カウンターの係官の動作がやけにノロい。おまけに権威を見せつけるためだけの睥睨《へいげい》を、動作のあいだにいちいち差し挟む。「まだ生き残っていたのか」と、冷戦期の遺習との久々の邂逅に苦笑した。

わたしははじめてこの空港に降り立った一九九四年夏の日のことを思い出した。タラップを下りると、神戸生まれのわたしには馴染みある神戸市バスが、神戸市内の行き先を表示したままやってきた。バスで連れて行かれた先は、大きくない役所っぽいビル。その上には広い空に向かって管制塔が力いっぱい突き出していた。

フロアに入ると、部屋に不釣り合いに大きなカウンターデスクがいくつか並んでいた。クーラーもなく暑い最中《さなか》、出入国審査官はしかめ面で、やはり睨みをきかせ、大仰かつ緩慢な動作で審査業務をこなしていた。

手続きが済み、手荷物を受け取ると、外見も内装もボロっちいハノイ行きの小型バスに乗り込んだ。バスの揺れに道路の舗装の傷みを感じながら、スイギュウが草を食《は》むのどかな田園のなかを、右に曲がり、左に曲がり、戦争中の兵器の残骸も横目に見、旧市街まで一時間以上走ったのだった。今では隔世の感がある。

オー・デー・アーがつくるベトナム

成田発の便ですでに到着していたS氏とは、手荷物受取場で合流した。わたしたちの旅がはじまった。

あらかじめ手配しておいた車に乗り込んだのはすでに午後三時。

市街地へ向かう高速道路の両側には工場がずっと続いている。トヨタ、キヤノン、ホンダなどの工場もその地区にある。行き交う車やバイクもトヨタ、ホンダ、ニッサン、ヤマハ、カワサキなど日本製だらけ。

日本とちがうのは、右側通行であること、車よりバイクがとにかく多いことだ。道路の混沌状況も喧噪もまったくちがう。取り締まり強化のおかげで「ノーヘル」の人はかなり減ったが、あいかわらずどう見ても重量超過の荷を積んだバイクは多いし、三人以上乗っている原チャリもいる。

三十分近く走って、紅河の滔々たる流れを眼下に見た。その赤茶けた濁流こそが、悠久のときを超えて雲南の山塊から土砂を削って運び、紅河デルタを穀倉地帯に変えたのだ。はるか上手《かみて》の空は砂塵に霞んでいる。わたしたちは四本の高い主塔が天を刺す、長さ三七〇〇メートルのニャッタン橋の上にいた。


ニャッタン橋は、「オー・デー・アー」のおかげで「ジー・カー」がつくってくれた。ノイバイ国際空港の大ターミナルもそうだし、今は国内線ターミナルに格下げされた先代のターミナルもそうだ。

ベトナムの津々浦々で、周囲の田園風景とは不釣り合いに近代的な橋、道路、学校などのハコ物を目にすることがある。そのたび地元の人から、またか、と思うくらい

ソ連の援助でできた紅河に架かる橋の上から見る、
落成が近いニャッタン橋（2014年）

「オー・デー・アー」だの「ジー・カー」だのということばを聞く。オー・デー・アーとは日本のODA（政府開発援助）、ジー・カーはJICA（国際協力機構）のこと、つまりすべては国際開発援助のたまものなのだ。

オー・デー・アーについて、わたしはS氏にこんな話をした。

二十年くらい前のことだが、黒タイの村の人が「今度はオー・デー・アーで、あそこの道路が舗装されるらしいよ」みたいなウワサ話をよく語っていた。だからあるとき、わざと聞いてみた。

「オー・デー・アーってなに？」

するとく、

「ベトナムがオー・デー・アーに頼んだら、おカネ出してくれるんだろ。ホント、日本って豊かだよな」と感心している。

「まあ、そんな感じ」と前半は正しいことにして、

「ぼくがいくら貧乏だからカネくれって言っても、オー・デー・アーはなにもくれないけどね」と付け足した。

すると、

「なんだって日本は日本人にカネをやらずに、ベトナムにたくさんくれるんだ？」と、

難しい質問がきたので、

「国が外国にいっぱいカネを使うと、日本のエラい人もベトナムのエラい人もきっと得するんだろう」と苦しまぎれに返した。

「ちげえねえ！」と屈託のない笑い声を上げ、

「マサオも早くエラくなって、いっぱいカセぐこったな」とオチをつけてくれて、さらに笑った。

　エラくなったら、袖の下やらなんやらでたくさん儲かるという話はベトナム人にはわかりやすい。ベトナムではそれがあたりまえで、まわりの誰かがエラくなっておこぼれにでもあずかれないかな、とさえ思っている。科挙合格者に一族郎党ぶら下がってみなハッピー、という中国やベトナムではあたりまえのセーフティーネットの思想がしっかり根付いているのだ。

　もちろん汚職の取り締まりはどんどん強化されている。とはいえ、賄賂までいかなくとも二重帳簿で差額をせしめるようなことや、紹介料のピンハネなど中間搾取の横行が、ベトナムの自力での発展を阻害していることも事実だろう。

　司馬遼太郎は、米軍の撤退でいわゆるベトナム戦争は終結したとはいえ内戦は続いていた一九七三年に、サイゴンを訪れ取材し、こんなことを書いた。

このおそろしいほどに機械の修理などに器用で、物事の主題をのみこむ上で利口で、そしてあきれるほどに働き好きのこの民族が、この豊饒な土地の上に近代国家をつくれば東南アジアでぬきん出た国になるにちがいないことは、たれもが考える。私も考える。ただし重要な条件を必要とするであろう。戦争と汚職さえなければ、である。★1

司馬の言う戦争は終わり、サイゴンが陥落して社会主義国となり四十年以上経つ。だが、あいかわらずもう一つの条件克服のハードルは高いようだ。

ハノイの「顔」

「紀《き》伊《い》」という日本食屋がある。

ハノイの「顔」といっていい店長、小林宏治郎さんは、開店以前からの古い知己だ。わたしが四〇〇キロ以上離れた黒タイの村にいたころ、ハノイでしか手に入らないような都会のお菓子など、いわば救援物資をサプライズで町の郵便局の私書箱宛てに送っ

高層ビルが次々に建設されているハノイ市内
（2015年）

SUDICO

てくれたりした恩人でもある。

彼の商人魂が、よい意味ですばらしい。素材にとことんこだわり、契約農家に新鮮で安全な野菜を依頼するだけでなく、山海の珍味まで知り尽くすべく、時間をこしらえては木の国、根の国、どこにでも行く。蕎麦を打つためにソバの実を求めて中越国境の山岳部に住むモンの村にまでバイクで訪ねる。わさびが必要、といったら国境を越え雲南の渓谷にまで足を運ぶ。そんな小林さんの絶えざる探究心、手を抜かないサービス精神、謙虚でユーモアある人柄が「紀伊」をハノイ随一の店にした。

ハノイ到着の夕べ、「紀伊」でわれわれはハノイ在住の小松みゆきさんと食事の約束をしていた。六時に行くと、彼女はすでに店にいた。

日本人で「紀伊」を知らずにハノイを語る資格がないように、小松さんの存在を知らずにハノイ在住を堂々と語れない。ハノイの日本人のあいだで小松さんはそれくらいの存在感だ。


彼女は一九九二年に日本語教師としてハノイに身一つでやってきて、しゃにむに日本とベトナムの相互理解のために尽くしてきた。その三十年に垂《なんな》んとするハノイ生活のあいだに、彼女は二つの大きな挑戦をした。

一つは、新潟の豪雪地帯からほとんど出たことのないまま認知症になった実母を、奮起して引き取りハノイに連れてきて、十三年間同居して最期をみとったことだ。もう一つは、残留日本兵たちの残したベトナム人家族を取材し、知られざるベトナムと日本の関係を掘り起こしたことだった。

前者のお母さんとのハノイでの同居生活については、彼女の『ベトナムの風に吹かれて』に詳しい。しかもそれが原作になった同タイトルの映画（大森一樹監督、二〇一五年）は、松坂慶子、草村礼子、奥田瑛二、吉川晃司という豪華キャストによる話題作となった。ちなみに、本と映画では内容が別物なので二度楽しめる。

後者の残留日本兵の家族については、彼女が書いた小論「ベトナムの蝶々夫人」[★2]がNHKの担当者の目にとまってドキュメンタリー番組が制作されたのみならず、それがきっかけとなって二〇一七年の天皇皇后両陛下訪越では、その家族らの拝謁まで実現した。その後、彼女は自身の活動をまとめた『動きだした時計』を刊行するなど、あいかわらずエネルギッシュだ。

わたしは一九九七年に彼女を知った。当時はまだハノイに物も情報も不足していて、数少ない日本人の学生や研究者たちは肩を寄せ合うように助け合って暮らしていた。そのころ折に触れて食事会などを催し、在住者同士の交流の機会をつくってくれたのが彼女だった。頼りがいのある「ハノイのアネキ」として、小さかったコミュニティの中心的存在だったのだ。

Ｓ氏はあらかじめ『ベトナムの風に吹かれて』の本を読み、映画も見ていた。のみならず「ベトナムの蝶々夫人」も読んでいたから小松さんに会うのを楽しみにしていた。

二人の対面場所に「紀伊」を選んだのは、小松さんにとってもそこが気安いし、ベトナムの店はたいがいがやがや騒々しく、落ち着いて話ができないからだ。それにわたしもＳ氏にハノイの日本料理屋と小林さんを紹介したかった。

だがＳ氏にとって初訪越なのに、最初の食事がベトナム料理ではなく日本食だ。小林さんはそれを気づかって、ベトナムのインスタント食品をお土産に準備し、またベトナム産ビールを何種類もサービスしてくれた。ビール好きのＳ氏は上機嫌で、七種類くらいあったラベルすべてを試飲した。やはり３３３《バーバーバー》、サイゴンビールなど老舗ブランドがおいしいそうだ。このとき知ったのだが、二十年くらい前なら全国各地でつくられていた地ビールのほとんどが、すでに淘汰されてなくなってしまっていた。

ベトナムは競争が激しい。誰かがなにかで儲けた、となるとネコもシャクシも同じ商売に手を出し、パクリが横行し、まがい物が出回って、質の悪いものが濫造され、互いに足をひっぱり合い、じきに共倒れする。それこそベトナムだ。

新潟からベトナムへ

S氏と小松さんはほぼ同世代ということもあり、すぐに意気投合した。小松さんはベトナムやハノイでのことを個人的なことも含めて、あけっぴろげに語ってくれた。小林さんが用意してくれたベトナム近海の魚介類、在来のブタ、現地野菜を使った料理などをつつきながら、実に三時間以上もわれわれは店にいた。スクーターで帰宅する小松さんの後ろ姿を見送ったとき、すでに九時を回っていた。

わたしとS氏はハノイ第一夜が更けゆくのを惜しみ、ホテルにもどったあともバーでしゃべった。もちろん小松さんが主な話題だった。

「芯の強い、魅力的な女性でしたね」と、S氏は評した。

それは彼女の生い立ちとも深くかかわっている。彼女の前半生は苦渋に満ちた、しかし遍歴に富み、独立不羈《ふき》の力強いものだった。

彼女は一九四七年に新潟の雪深い山間部で生まれた。二十五歳で後家として結婚した実母は二十一も実父より年下だったから、彼女には腹違いの兄姉が六人もいて、しかも末っ子だった。母子二人の立場は家族のなかできわめて低く、母は家事と野良仕事にいつもかかりきりだった。

中学を卒業した日、彼女は母に東京に連れて行かれた。そのまま割烹旅館に預けられた。彼女は住み込みで働きながら定時制高校を卒業し、その後短大にも進学して出版社で働いた。学生運動に参加し、結婚した。研究者や法律家たちと交わって過ごした二十代、三十代にますます向学心を高めたのだ。

一九八八年、研究者だった夫の就職先が北海道に決まった。同時に離婚。それが転機になった。彼女は単身でシベリア鉄道に乗り込み、ユーラシア大陸を横断してイタリアにわたった。そのまま一年と数ヶ月のあいだイタリアで留学生活を送り、かの地で昭和の終わりを知ったのち帰国した。

次に日本語教師の資格を取った。その資格をひっさげ目指したのが、ベトナム。[★3]青春時代に自身もベトナム反戦運動に参加したこともあって特別な国だった。かくして越後の人はまた海をわたり、越南（ベトナム）の人になった。

残留日本兵について、一九九二年にハノイに来るまで彼女は知らなかった。たまたま彼女が日本語を教えるクラスのなかに、「父は日本人です」という生徒さんがいた。当時四十二歳だったソンさんだ。彼が生まれたのは、ベトナムがまだフランスを相手に独立戦争を闘っていた一九五〇年。なぜそのころのベトナムに日本人が、と不思議に思って調べてみて、すぐに彼女は、終戦をベトナムで迎えた日本兵のなかに独立戦争に参加した人がたくさんいたことを知った。その数、少なくとも六百人程度とか。[★4]

彼らはベトナム独立を目指す組織「ベトナム独立同盟」（通称、ベトミン）に協力し、実戦経験の少ないその軍隊を指導し、「新しいベトナム人」として第二の祖国、ベトナムの独立と統一のために闘った。そのなかには、当然ベトナムで家族をもった者も多かった。

しかし、一九五四年にディエンビエンフーでの決戦に勝利してフランスからの独立を勝ち取ったのち、その生き残りは順次日本に帰国させられた。ソンさんの父、山崎さんもそんな一人だった。「合作《ホップタック》」とよばれる共産党の政治教育を受けた後、一九五九年に妻と子の四人をベトナムに置いて帰国した。

帰国者たちは「共産国帰り」というレッテルを貼られ、危険人物として公安にマークされ、就職先を探すのにさえ苦労した[★5]。いっぽう、ベトナムに残された家族も、東西冷戦の対立構造が強まるなか、ベトナム戦争でアメリカ人に協力する憎き日本人を夫や父親にもつことから、共産党員にはなれないし、進学、就職、入隊などのたびに差別された。それぞれが両国でイバラの道を歩まなくてはならなかったのだ。

中国経由で日本に戻った「新しいベトナム人」について、当時の新聞などは取り上げたが、そんなニュースはとうの昔に忘れられている。それを再び明るみに出したのが小松さんだった。彼女は夫の帰りを待ち続ける「ベトナムの蝶々夫人」やその子たちと直に会い、ときには彼らの求めに応じて、元日本兵とのあいだをつないだ。

もちろん金儲けのためではない。そんなことがカネになるはずはない。放っておいてくれ、と言う人だっているから感謝されるとも限らない。そのうえベトナムの公安には目をつけられる。党の見解では、社会主義の国にそんな差別などあるはずがない。町の人の「口からデマカセ」を外国人が真に受けて、国外で吹聴されては困るのだ。

だが、彼女の目的は党のウソを暴くことでも、体制を批判することでもない。まずは政治や外交関係などにより分断された国と国のつながりの、まさに断面にいたがために人生を翻弄された人たちの「つながり」を回復することだ。歴史の悲劇の当人たちに寄り添い、国民という「つながり」の強化のために家族の「つながり」を引き裂かれた悲しみを、少しでも癒すことだった。動機はそんな純粋でまっすぐなものだった。

終戦直後に生まれた彼女は、強く意識していないにせよ、戦争が両国にもたらした不幸を直視し、戦争に対する深い反省を促したかったのではないだろうか。また、両国の人々がちゃんとした友好関係を築くために精算すべき過去だと感じていたのかもしれない。

ハノイに来たバーちゃん

二〇〇一年十二月、小松さんは越後までお母さんを迎えに行きハノイに戻った。小松さんはいつのころからか、お母さんを「バーちゃん」と呼んでいた。「バー」は高齢女性に対する呼称で、漢字だと「婆」にあたるベトナム語bàに由来する。

わたしもハノイにいるとき同じ集合住宅の別棟に間借りしていたので、時折お宅を訪問した。バーちゃんは、何度会ってもわたしのことを初対面だと信じていた。だから、会うたびに「あなた、どこの人」とまず訊かれた。

「生まれは兵庫県です」と答えると、きょとんとした表情で、

「むかし学校で、ここは何県、あそこが何県って、おっきな地図で教えてもらったけど、カラスじゃないから飛んで行かれんもんね」と、かならず言った。

しかも「カラスじゃないから……」の部分を口にするとき、きまって両手でカラスの羽ばたきをする手真似をつけた。だからわたしは「あなた、どこの人」と訊かれた途端、カラスの羽ばたきの手真似が楽しみでニヤニヤを隠せなかった。バーちゃんは「兵庫県の人ってのはヘンだ」と、そのたびに思ったかもしれない。

そんな思い出をS氏に語りながら、わたしは住宅や池の周りを一生懸命に散歩していたバーちゃんの姿を思い出していた。新潟の山奥で、雪、労働、親族の重圧にあえぎ苦しみ耐え忍んできたバーちゃんは、枝を伸ばし放題で屈託ない南国の木々を見ては、雪が来る前の梢の処置を心配していた。そして、ときどき雪国ぐらしの健脚で行方をくらました。

周囲の反対を押し切り、ハノイにバーちゃんを連れてきたことをひそかに気に病んでいた小松さんは、あるとき訊いてみたそうだ。

「バーちゃん、こんなとこに連れてきてホントによかった？　新潟にいたかったんじゃないの？」

すると、

「あんなとこに、いなくなってせいせいしたわ」と、認知症とは思えない真顔でバーちゃんは答えた。その返事に驚き、また救われた気がしたそうだ。

バーちゃんが亡くなったあと聞いた、こんな話をS氏に伝え、

「医療や保険請求やらの都合で認知症だとかなんだとか言って、病気や障害みたいにあつかいますけど、九十年生きた人には九十年の知恵が宿っているってことですかね」と、テキトーなオチをつけた。

S氏はそれにつきあってくれず、かわりに、

「小松さんはお母さんとのあいだに、どうしても取り戻したいもの、埋めたいものがあったんでしょうね」とはじめた。

「ふつうなら親に甘ったれていられる、ほんの十五歳ですよ。でもお母さんは『おまえはこんな田舎にいたんじゃダメだ』と心を鬼にして、小松さんを東京に連れて行ったんでしょうね。すれっからしの東京で、小松さんは自由を知り、たくましく自分の道を切り開いて、日本からも飛び出した。ついにたどり着いたベトナムで、残留日本兵の家族と彼女は出会った。引き裂かれた家族の絆やつながりを回復したいという彼らの願いは、そのまま彼女の願いだった。だから残留日本兵のことにのめり込んだ。ま

た、その出会いがあったからこそ、認知症による徘徊で、血のつながっていない新潟の家族たちのお荷物になったお母さんを引き取ろうとも思った。四十年経っていたにせよ、『今からでも遅くない。きっと自分もまだ取り戻せる』と。今晩、そんなふうに思いました」

彼女は哭《な》いていたのだ。中学の卒業式の日に連れて行かれた東京で、バーちゃんに「さよなら」を言ってからずーっと。残留日本兵の引き裂かれた家族と同じく、彼女もまた哭いていた。

89歳の誕生日をハノイで迎えた
小松さんのお母さん（2009年）

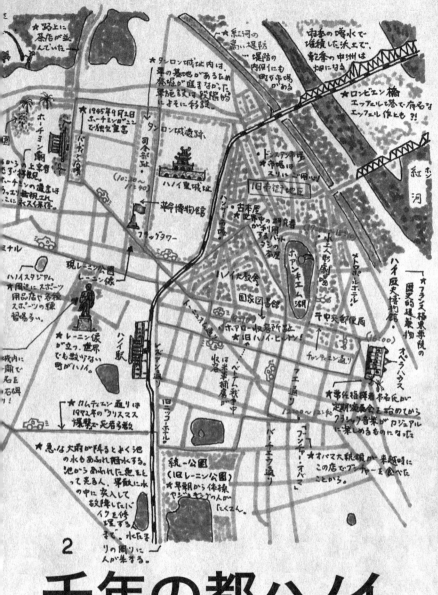

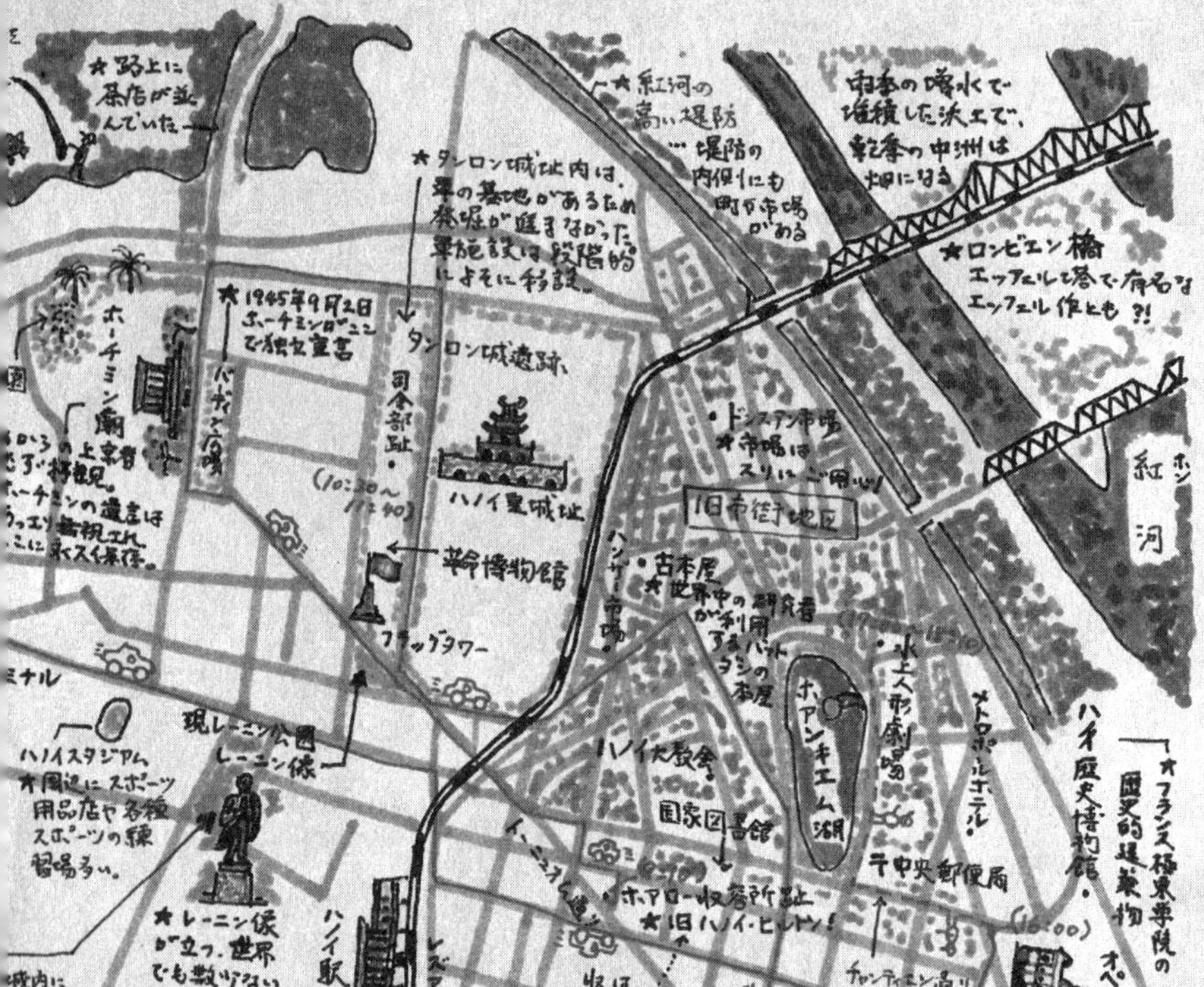

2

千年の都ハノイ

Hà Nội

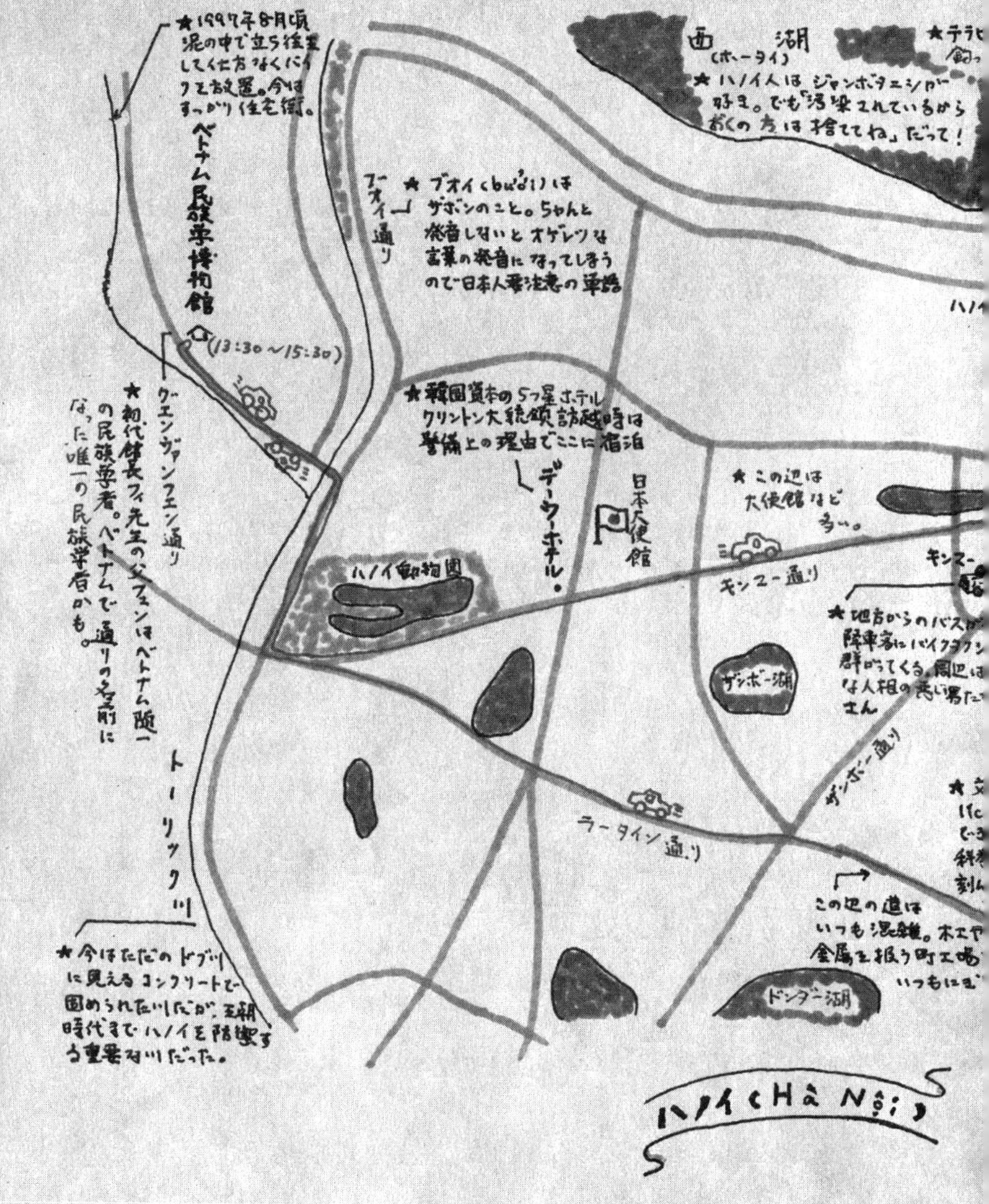

★1997年8月頃泥の中で立ち往生して仕方なくバイクを放置。今はすっかり住宅街。
ベトナム民族学博物館
(13:30〜15:30)
西湖
(ホータイ)
★ハノイ人はジャンボタニシが好き。でも「汚染されているから殻の方は捨ててね」だって！
ブオイ通り
★ブオイ(bưởi)はザボンのこと。ちゃんと発音しないとオゲレツな言葉の発音になってしまうので日本人要注意の単語
★韓国資本の5つ星ホテル クリントン大統領訪越時は警備上の理由でここに宿泊
デーウーホテル
日本大使館
★この辺は大使館など多い。
キンマー通り
ハノイ動物園
グエンヴァンフエン通り
★初代館長フィ先生の父フェンはベトナム随一の民族学者。ベトナムで通りの名前になった唯一の民族学者かも。
トーリック川
★今はただのドブ川に見えるコンクリートで固められた川だが、王朝時代までハノイを防御する重要な川だった。
ザンボー湖
ザンボー通り
ラータイン通り
ドンダー湖
この辺の道はいつも混雑。
ハノイ(Hà Nội)

11月23日(土) 22:45〜　ハノイ

ハノイ独特の湿気と暑さにまだ適応できず、脳に霧がかかっているようなぼんやり感。しかもだるい。昨夜からのどが痛み、咳もひどい。

ホテルで朝食を食べたあと、九時に福田さんが来てくれた。車に乗り込み、ホアロー収容所にまず寄ってからハノイ宮城址へ。昼食は「ブンチャー・オバマ」のブンチャーを食べた。

午後はベトナム民族学博物館まで足を伸ばし、五時にオペラハウスに戻ってきた。チャンティエン通りの本屋と中央郵便局に寄って、ホアンキエム湖畔を歩いて玉山祠経由で水上人形劇場へ。6時からの公演を見終わったら、夕飯はベトナム料理を食べて9時頃ホテルに戻った。ラウンジで小一時間ほど、福田さんのベトナム古代史解説込みで話をした。

ハノイは漢字で「河内」。紅河本流とその支流トーリック川のあいだを、広範囲に堤防で囲い込んだ輪中に発達したからだ。[★1] 大阪の河内《かわち》と同じく、古代から水田開発の先進地域だったが、ベトナムの河内のアニキたちにやんちゃなイメージはない。

十世紀に中国から独立し李朝が成立して以来、阮《グエン》朝（一八〇二－一九四五）が中部フエにうつすまで、都はずっとハノイだった。そして第二次世界大戦後も、ハノイが首都だ。

ハノイ観光に充てた一日は次のようなものだ。朝はホアロー収容所跡を見学し、約八百年間にわたって帝都の中心だったタンロン城跡を訪ねる。午後は西郊にある民族学博物館にまで足を延ばし、夕方中心部に戻ってきてホアンキエム湖畔を散策し、水上人形劇を観劇する。

この一日を「つながり」の観点からまとめるなら、この国で最大多数を占める民族、キン族によるベトナムという国の「つながり」を確認した日だった。というのは、ハノイには、古代中国、フランス、アメリカというベトナムの存亡に脅威を与えた外敵に対して、かつて強い意志で服従を拒んだご先祖たちの偉大な活動を証言する「つながり」の場が、モニュメントとして点在しているからだ。その代表が、ホアロー収容所、タンロン城、ホアンキエム湖だ。

国民の「つながり」のモニュメントは都《みやこ》に多くつくられる。国の真んなかとして、一国がつくられ維持されてきた誇りを、何人《なんぴと》もいつでも確認できるために……。

ベトナムの達人

この日のために、強力な助っ人として、ハノイ在住歴二十五年の福田康男さんにわたしは町案内をお願いしていた。彼はベトナム人的な親切と人なつっこさで、通勤ラッシュで混雑する道を縫い、一時間かけてバイクでやってきてくれた。彼も同乗して朝九時にわたしたちはホテルを出発した。

福田さんの紹介をしよう。大学卒業後一九九四年に語学留学生として来た彼は、小松さんに匹敵するハノイの長老格だ。

ハノイに留学した学生や研究者があまたいるなかで、彼ほどベトナム語の勉強にこだわり続けた人は他にいない。日本の商社や工場などで現地採用の社員として働いていた時期もあったが、そのかたわらハノイ国家大学に入学し、さらには大学院にも進学してベトナム語文法の研究で修士号まで取得した。その後は現地のＩＴ関連会社で働きながら大学で講師もしている。

彼がすぐれているのはベトナム語能力だけではない。人との信頼関係を築く人間力もだ。「貸す」と「あげる」は同じ意味だっけ、と疑うときがあるベトナムで、人に貸したお金がちゃんと返ってくるだけの徳を備えている。しかも、好奇心旺盛で情報通だし、持ち前の行動力でベトナム中を旅しているからすさまじく経験値が高い。

そんな「ベトナムの達人」と知り合ったのは、一九九五年夏のハノイだった。考古学者チン・カオ・トゥオン先生が、自分の学生だと紹介してくれたのだ。当時留学生だった福田さんとは同い年で気も合ったから、ハノイ遊学時よく行動をともにした。同じ借家に下宿したこともあるし、何度もいっしょにバイクで遠出の旅をした。そもそもバイクの運転を教習してくれたのも彼だった。ふりかえると、彼をとおしてどれだけの人と「つながり」を得たか、またベトナムのことを彼からどれほどたくさん学んだかわからない。

ハノイ・ヒルトン

この日の最初の目的地はホアロー収容所跡だ。

ホアロー収容所……？　S氏はピンとこないようだった。

「ハノイ・ヒルトンってご存じですか」

と尋ねると、俄然食いついた。

「あ、それって、ベトナム戦争のときの……」

そのとおり！

もちろんアメリカ資本のあの高級ホテルのことではない。ベトナム戦争中にあった米軍捕虜の収容所だ。その待遇と環境の劣悪さから恐れと揶揄《やゆ》をこめてアメリカ人がそうあだ名したのだった。

ホアロー収容所跡のチケットにも、英語とベトナム語で「ベトナム北部で捕まった米軍パイロットにとってハノイ・ヒルトン」とちゃんと記されているのだから、感心！感心！　ベトナムにとって不名誉なあだ名でも、観光客がそれでお金を落としてくれるならかまわないのだろう。さすがベトナム。名より実だ。

もともとはフランス植民地政府が一八九六年につくった政治犯収容所だった。だからアメリカ人がハノイ・ヒルトンとあだ名する前は、「ハノイ中心部にあるこの世の地獄！」として、同時に「学校」ともよばれていた。というのは、反仏運動家たちをとっつかまえてはここに放り込んで虐待したからだ。だが、ここでの「つながり」をとおして彼らは筋金入りのベトナム愛国革命戦士になった。

ホアロー収容所跡の展示内容は、主に植民地支配が生んだ過酷な地獄ぶりと、不撓

ホーチミン市の戦争証跡博物館に展示されているギロチン
（2011 年　ホーチミン市）

不屈の精神でそれに耐えた収容者たちの「学校」生活だ。いっぽう、ハノイ・ヒルトンとしての最後の十年間について詳しくは解説されていない。この史跡は、「ベトナム人のがまん強さ」を証明する愛国のモニュメントだからだ。ベトナム人のがまん強さとは、学校教科書でも繰り返し記されて、ベトナム人の心のなかに深くすり込まれているイデオロギーだ。

わたしがS氏に見せたかったのは、おぞましい負のオーラを放つ雑居房や独房ばかりではない。フランス本国ではとっくに過去の遺物だったのに植民地では現役だったギロチンだ。前回わたしが来たとき、もうすでに十五年前だが、首でも胴でもちょん切る鋭利で重たい刃がいちばん高いところにスタンバっていて、そんな取扱注意の危険物が、展示品というより、主《あるじ》が留守中の道具みたいに無雑作に放置されている様子に軽いショックを受けたからだ。

ギロチンは、なおもあった。しかし、展示場がかなり整備されたせいかもしれないが、もはや道具としての存在ではなかった。まるで供養が済んだかのように、血なまぐさい過去を払拭したオブジェとして、ただそこにあった。

一九九五年八月の夜、わたしがはじめてタクシーの窓から見たハノイ・ヒルトンは、まるでそこだけ時間が止まってしまっているかのように、黒々とした深い時空の裂け目を、都会の真んなかにポッカリ開けていたものだ。ベトナム戦争が終わり、収容所としての役割を終えたまま、廃墟となっていたのだった。まもなく、史跡保存の対象になった一画だけを残して取り壊され、その広い跡地にはハノイタワーが建った。

完成当初ハノイの最高層ビルだったハノイタワーは、低層階が商業施設、上層階が外国人向け高級タワーマンションだ。ＪＩＣＡなど政府関係者や大企業の駐在員などがそこに住んだ。少し口の悪いベトナム人の知人がこう言って笑った。

「さすがヒルトン！　金持ちの外国人ばかりが住める。ベトナム人には住めない。ほんとにこわいからね」

早い話がハノイの心霊スポットだったのだ。

ホアロー収容所跡からタンロン城跡へは、少しだけ道を遠回りした。車窓から眺めたい景色があったからだ。

まずディエンビエンフー通りで、公園のこぢんまりした木立のあいだに佇むレーニン像を確認した。ベトナムは東西冷戦が終わった後も、ソ連との「つながり」のシンボルだったレーニン像が撤去されずに残っている世界でまれな国なのだ。

次に、地方からはじめて上京するベトナム人がかならず訪れるというホー・チ・ミン廟を、一九四五年にホー・チ・ミンが独立宣言をしたバーディン広場の前を徐行しながら拝んだ。廟には冷凍保存された彼の遺体が安置されている。彼くらいエラくても、いや、エラかったゆえにか、「死んだら遺灰を北部、中部、南部に分けて撒いてほしい」という遺言はあっさり無視され、今でもここにいるのだった。これぞ、死人に口なし！

レーニン像は世界中の共産主義国家の「はじまり」のシンボルだ。ホー・チ・ミン廟はベトナム共産党と、植民地支配からの独立という二つの「はじまり」のシンボルだ。これらの「はじまり」は、政治外交上の国際的つながりと、ホー・チ・ミンを国父として仰ぐ国民の「つながり」を示す重要な意味を今なおもち続けている。地方からはじめて上京する人が、かならずと言っていいほど訪れるハノイの名所だし、奇しくも建国記念日と一致しているホー・チ・ミンの命日九月二日には、朝から弔問者とお供えで一帯が埋め尽くされるのだから。

バーディン広場とホー・チ・ミン廟（2013年　ハノイ）

タンロン城の人民軍司令部跡

タンロンはハノイの古名。漢字で「昇竜《タンロン》」と書く。一〇一〇年、黄竜がこの地から天へと翔け昇るのを、李朝を開いたリー・タイ・トー（李太祖、在位一〇〇九－一〇二八）が見て帝都を置いた。もちろん「昇竜」はその奇瑞《きずい》に由来する。中国にならいベトナムでも竜は皇帝のシンボルだ。

タンロン城には少なくとも千年の歴史が蓄蔵されている。だが、城塞内にベトナム人民軍の基地があるので発掘調査は難しかった。最近ようやく、基地の郊外への部分的移設に伴い、少しずつ調査が進んでいる。

唐代にまで遡る遺跡も確認されている。唐はハノイ付近に、服属させた中国南方辺境の異民族たちを統治するための「安南都護府」を設置していた。だが、その正確な位置はずっと謎だった。ごく最近、タンロン城跡の地下から発掘された遺物から、そこに安南都護府があったことを主張する研究者もあらわれている。もしそのとおりなら、百人一首の「天の原ふりさけ見れば春日なる　三笠の山に出でし月かも」で有名な阿倍仲麻呂も八世紀半ば、まさにそこにいたことになる。遣唐使として海をわたり、玄宗皇帝に仕えた彼は安南都護として赴任したこともあったのだから。

タンロン城の古い時代の遺跡からまともに見学すると半日はかかる。だから、ベトナム戦争時の人民軍司令部「D67」だけをじっくり見た。

「D67」はさほど目立たない平屋建ての建物だ。だが、その内部には、地下へとのびる長い階段が隠されている。司令部は地下の奥深くへと階段を降り、重い鉄扉の内側にある。共産主義者らの勢力は「アメリカ帝国主義との闘争」に勝つため、ベトナムは一つ、というベトナム人の「つながり」を、南北に分かれた二つの国の国民にそこから訴え続けていたのだ。地下トンネルそのものは、底知れずさらに奥へと続いている。

チャンティエン通り

昼食後、わたしたちはトーリック川を越えてベトナム民族学博物館を訪ね、五十四民族からなるベトナムの文化的多様性について学んだあと、夕暮れにオペラハウス前にやってきた。

ハノイ市はこの二十年のあいだに西へ、南へと拡大し、急激な都市化と機能分化も進んでいる。だが、ホアンキエム湖やその東にあるオペラハウスへとのびるチャンティエン通り界隈が、依然中心部として意識されているのだ。祝祭日などはイルミネーションで飾りたてられ、浮かれた人とバイクが押し寄せてくる。

オペラハウスは一九一一年に完成した植民地建築だ。パリのオペラ座に似ている。ハノイ人がパリに行くとビックリ仰天する。スケールがちがうからだ。

そのオペラハウス付近には、植民地時代の気品漂う文化的建造物がいくつも現存し、今も活用されている。たとえば一九〇一年創業のメトロポールホテルは現在も五つ星ホテルのソフィテルレジェンドメトロポールハノイに、フランス極東学院本部に置かれた博物館が国立歴史博物館に、インドシナ大学の学舎はハノイ国家大学の施設になっている。

わたしたちはオペラハウスから正面にのびるチャンティエン通りを行き、ホアンキエム湖の東岸に沿ってタンロン水上人形劇場までそぞろ歩く。このチャンティエン通りは、植民地時代につくられた目抜き通りだっ

フランス植民地期の1911年に完成した
ハノイのオペラハウス（2016年）

でいる。

た。日本統治時代には商社やデパートがあった。今は画廊、カフェ、書店などが並んでいる。

タインホアの人

チャンティエン通りにある国営書店を出たとき、「事件」が起きた。

商売道具一式を入れた四角い木箱を手にさげた靴磨きの若者が、すれちがいざまに福田さんの革靴の先が割れているのを目ざとく見つけた。それを指摘するとほぼ同時に、福田さんの足元にしゃがみこんで前進を封じ、白いチューブ液のボンドを素早く塗りたくって靴先の割れをふさいでしまったのだ。電光石火のごとき早業！

若者はすぐさま立ち上がり、修理代を請求した。おまけにこんなことまで言った。

「反対の足も直そうか？」

福田さんは断固支払いを拒否し、執拗に食い下がる若者を追い払った。

「ハノイに二十年以上いますけど、あんなのはじめてですよ。めちゃくちゃ速い」と驚嘆し、腹を抱えて笑っていた。

次に立ち寄ったのは、本屋からほんの数十メートル先の湖畔にあるハノイ中央郵便局だった。Ｓ氏が旅先から日本に送る絵葉書を買うためだ。

湖に向かって開けっ放しの正面玄関を入ると、すぐ横に切手や絵葉書のガラスケース付きカウンターがある。そこに女性スタッフが退屈そうに足を組んで腰かけている。客が見たいものを告げると、ガラスケースのなかから取り出して見せてくれるのだ。

スタッフとやりとりがはじまるころには、流しの絵葉書売りの少年が、すでにわたしたちのあいだに入り込んでいた。脇に抱えている、半分に折った大きな段ボール紙のあいだから、絵葉書のセットを次々と取り出して見せる。

昔から郵便局付近には外国人をカモにする靴磨き、絵葉書売り、換金屋、物乞いなどがたむろっている。ぼったくりやイカサマは多いし、しかもしつこい。また、一人でも相手にすると一挙に仲間が集まってきて面倒くさいことになり不愉快な思いもするので、できるだけ無視して相手にしないのがいい。

だがこの日、絵葉書売りの少年は彼一人だった。近くに仲間もいない。

彼の言い値はカウンターでの表示価格より安い。そこで彼の商品を正規品と比べて吟味してみた。だが正規品と中身はそっくり同じ。写真の質も紙質も枚数も同じだし、汚れているわけでもない。なら安い方がいい。

S氏は少年から絵葉書を二セット買った。その間、カウンターの女性はわれわれのやりとりをけだるそうに眺めていた。

郵便局を出て、ホアンキエム湖畔を北に歩きながら、どうして少年たちが同じ商品を郵便局より安く売れるのか、頭をひねり合った。わたしたちの結論はこうだ。

たぶん少年たちは、スタッフが横流しする絵葉書を仕入れて売っているのだ。スタッフがガラスケースのなかからいくつ売り上げたところで、自分の収入は増えない。少年たちに商品を横流しして自分たちの小遣いを得ているのだ。そのかわり少年たちの商売の邪魔はしない。だから局内でも、ある程度は放置しているのだろう。

さて、靴磨きや絵葉書売りの少年や若者には、ハノイから約一四〇キロ南のタインホア省出身者、なかでも海水浴場で有名なサムソンビーチ付近の人が多い。タインホア省は東は海、西はラオスと国境を接する山岳部、と地勢が多様で地域性に富んでいるのだが、植民地期以前から貧しい地域とされ全国に出稼ぎ者を送り出してきた。竹細工のかごを自転車やバイクに積んで出稼ぎの行商をするのは特定の地域の男性たちだし、農閑期に笠をかぶって杖をつき、農夫（婦）の茶色い身なりで物乞いをして回るのはまた別の地域の高齢者たちだ。

ちょっとした力仕事の人手が必要なとき、「タインホアの人いないかぁ」なんて声を張りあげ、家から表に出て助っ人を探す人もいた。臨時雇いの職を求め、のこぎりなどの大工道具を片手に都会をさまよう男性にタインホア出身者が多いのも事実だろうが、こういう場合の「タインホアの人」はやや差別的だ。

湖のカメ

さて、ホアンキエム湖畔の遊歩道を郵便局前から北上していくと赤い橋がある。ゴックソン島という小島にある神社、玉山祠《ぎょくさんじ》への参道の橋だ。神社には十三世紀に元寇《げんこう》を撃退した英雄で、国家守護の軍神チャン・フン・ダオ（陳興道、一二二六－一三〇〇）らが祀られている。

ゴックソン島はハノイで有名な観光名所だ。そこに二五〇キロもある巨大なカメの剥製が、ガラスケースのなかに展示されている。

いや、正確にはカメではない。シャンハイハナスッ

ホアンキエム湖のゴックソン島にある
シャンハイハナスッポンの標本（2019年）

ポンという絶滅寸前のスッポンだ。だがなんとなくスッポンでは神威に欠けるからカメにしておこう。

湖畔の人だかりが一様に湖面を見つめているのは、きっとカメが水面から頭を出しているときだ。だが二〇一六年に二五〇キロあった最後の一匹が、ついに推定八十から百歳で死んだとニュースで報じられた。

この湖はカメと深いゆかりがある。しかもそれは往時のベトナムの王権と深くかかわっている。

よくあるハノイの写真イメージの一つとして、湖水の青と湖畔の緑をバックにして、小さな島に立つ四角い石祠《いしぼこら》が白く映えている風景がある。その石祠がホアンキエム湖に浮かぶ「カメの塔」だ。カメの塔、およびホアンキエムという湖の名は有名な伝説に由来している。それがレ・ロイ（黎利）の還剣伝説だ。

レ・ロイは、紅河デルタを占領した中国明朝に対し叛旗を翻し、武力蜂起を成功させて独立を回復したベトナムの英雄だ。黎《レ》朝を開き、初代皇帝レ・タイ・トー（黎太祖、在位一四二八－一四三三）として君臨した。

ベトナムの王朝国家の形は、だいたい彼から第五代レ・タイン・トン（黎聖宗、在位一四六〇－一四九七）までの時代にできあがったといっていい。対内的には、民に分割して支給した土地から収量の一部を貢納させる均田制の確立によって、土地と人を徹底管理して税収を安定させ、経済的基盤を固めた。また科挙の制度を完成させ、官僚制度を整えて儒学中心の知的教養の基礎を築いた。のみならず、中国法の生地の上に、現地の伝統法の盛りつけでつくりあげたベトナムの法典『黎朝刑律』を公布した。

いっぽう、対外的には、西へは現ラオス北部を中心に勢力を拡大していたランサーン王国に対抗して、タイ系民族の小国群を従属させ、南へはチャンパ王国の支配地域を奪って後退させ、その版図を現在のベトナム北部と中部にまで拡大した。★2

遡ると、十世紀には中国からの独立を一度は果たしていた。だが紅河デルタの外にまで広く領土を拡大し、皇帝を頂点とする中国モデルの官僚制度による一元的支配が確立したのはレ・ロイ以降だ。つまり、レ・ロイの治世あたりがベトナム的な集団性、価値観、行動様式といった文化伝統の「はじまり」なのだ。

ちなみにレ・ロイもタインホア出身だ。だが同じタインホアといっても、靴磨きや絵葉書売りの若者たちの出身地に近い海岸部ではなく、内陸の丘陵部にあるラムソンの出身で、しかも豪族の息子だった。場所からして、現代の民族分類でいえばキン族ではなくムオンだろう。海岸平野と内陸の巨大な山塊との中間に居住するのはムオンだからだ。その言語はベトナム語に近いとはいえ互いに通じないし、社会組織や文化も大きく異なっている。

つまりベトナムとはキン族の国だが、その成り立ちには少数民族も大きな役割を果たしていたことを歴史は物語っている。ただし黎朝を開き皇帝となったレ・ロイにムオンらしさはない。ベトナム化するとはキン族化することなのだ。

還剣伝説の成立

レ・ロイは一四一八年にタインホアで挙兵し、十年がかりで明朝を撃退したベトナムの英雄だが、有名な伝説がある。

ある日、レ・ロイが湖の魚をとりに網を打つと剣がかかった。その話だけ聞くとまるでタインホアの出稼ぎ少年みたいだが、とにかくその神剣を揮《ふる》ってみたら強さ百倍！明の賊どもを易々となぎ倒し、すべて中国へ退却させた。

こうして中国からの独立を回復すると、皇帝に即位する典礼を湖の小島で催し、神剣を神の使いのカメに返した。漢字で「還剣」と記すホアンキエムという湖の名は、その伝説に由来する。小島にカメの塔が建てられた。剣は神から授与された王権のシンボルなのだ。

レ・ロイが湖でカメに剣を返すシーンは、タンロン水上人形劇場でも古くからの演目の一つだが、劇の人形もスッポンではなくカメだ。もしスッポンだったら良質のコラーゲンの塊にしか見えず、神剣を受け取りに来た神の使いが、大きくて肉厚でうまそうだったからとっつかまえて食べちゃった、なんて別の話になっていたかも……。

さて、日本の記紀神話にも天から賜った神剣でまつろわぬものどもを平らげたという話はいくつもある。だが、用が済んだら天に返したなんて話があるだろうか。神宝あってこその権威！　たとえば葵の御紋の印籠を宿に置き忘れてきた黄門さまなんて、もっとも良心的な代官から見たって、ちょっと威勢がいいイカレたじじいにすぎないだろう。わたしは首をかしげた。

なんと、こんなわたしの疑問は三十年も前に検証済みだった。神話学の泰斗大林太《た》良《りょう》に師事し、その大林が絶賛したベトナム中部高原の民族誌『森を食べる人々』で有名な民族学者ジョルジュ・コンドミナスにもフランスで師事した宇野公一郎氏だ。

要約するとこうだ。

もともとレ・ロイが神剣を得た「得剣」伝説は、故郷ラムソンにおける話であって、ホアンキエム湖とは関係がなかった。いっぽう、神剣を返還する「失剣」伝説はレ・ロイが開いた黎朝を全盛に導いたレ・タイン・トン没後の衰退を予言する話だった。この二つの別々の話が、後世だんだん縮められた。

折りしもフランスによる植民地支配を受けると、レ・ロイが民族解放のシンボルとして英雄視されはじめた。中国明朝による直接支配からベトナムを解放した立役者だったからだ。こうした背景から、もともと王権の喪失を意味していたはずの失剣伝説が、民族解放の役目を終えた剣をカメを通じて神に返す話へと変わり、レ・ロイ一代の話のなかに含められた。これが国民的に有名なレ・ロイの還剣伝説の成立だ。★3

侘しい町外れにあったホアンキエム湖とその周辺が、ハノイの繁華街の中心になったのは植民地期の都市整備によってだ。フランスが新しい都心のシンボルとしたホアンキエム湖に、土地の人たちが新しく編集された王権の「はじまり」の伝説をくっつけた。一〇一〇年以来の帝都の中心にぴったりの、民族の「つながり」を示す話だったからだ。

わたしたちはタンロン水上人形劇場で、レ・ロイがカメに神剣を返すのを鑑賞した。終わるやいなや、空きっ腹をかかえ喧噪の宵の町へと食事に繰り出した。

11月24日(日)

22:10〜 ギアロ

七時半に車でハノイを発ち、昭和女子大も関わって景観保存がなされているドゥオンラム村を訪ねた。村ではゴー・クエン廟とミア寺に詣で早目の昼食をすませると、雄王神社があるギアリン山へ。レジャーランド化した「ベトナムの聖地」はギアリン山麓からの一瞥で済ませるとギアロへ急いだ。ヴィエトチとイエンバイ間は五年前に開通したばかりの高速道路をはじめて走った。その先は昔からなじみの峠道。

ギアロ到着は六時。

カンナー村のビエンさん宅で黒タイ料理でご馳走になり、ビエンさんが指導する若者たちによる黒タイ舞踊を見て、九時頃ホテルへ戻った。

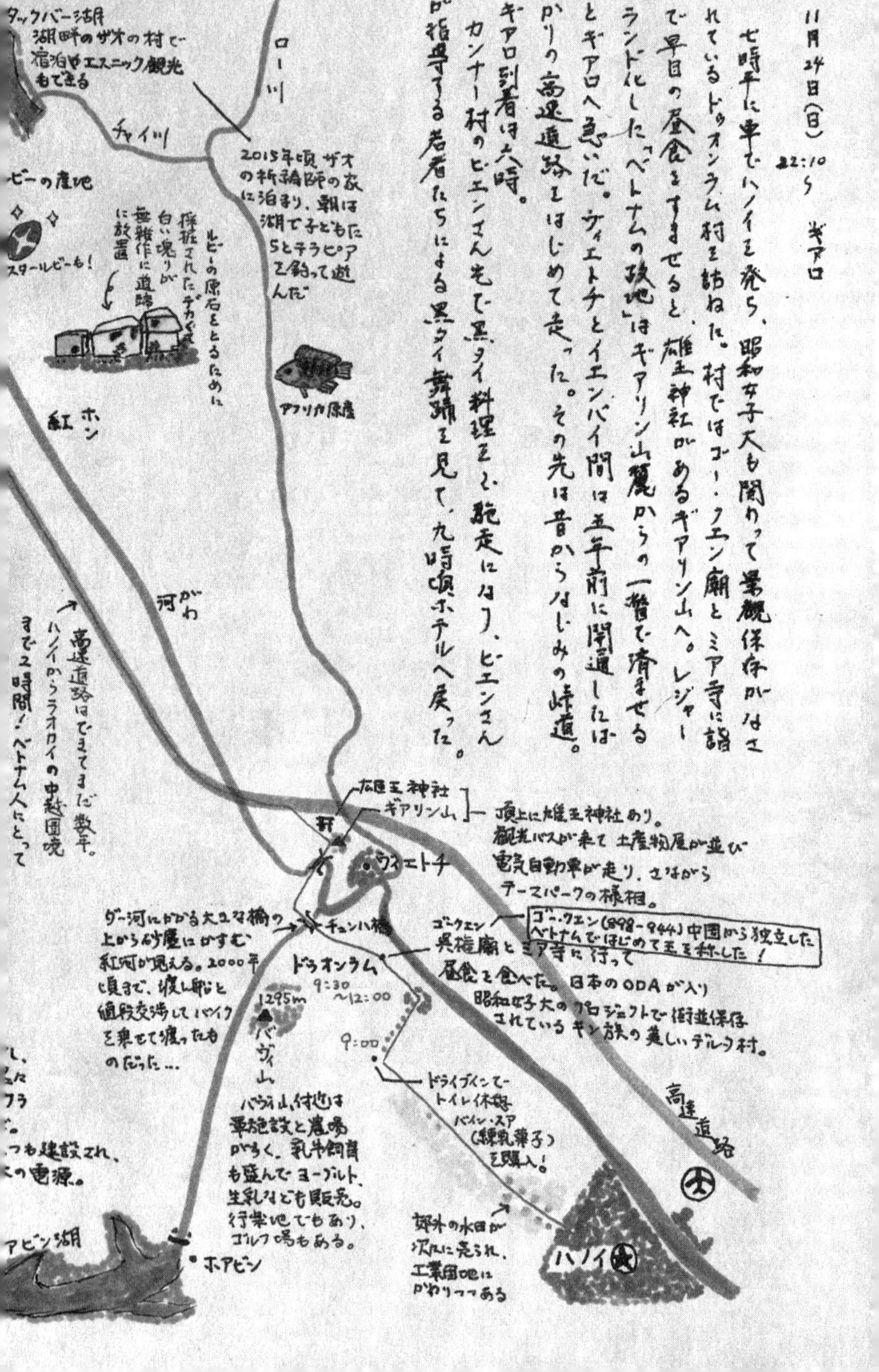

タックバー湖
湖畔のザオの村で宿泊やエスニック観光もできる
ロー川
チャイ川
2015年頃ザオの祈祷師の家に泊まり、朝は湖で子どもたちとテラピアを釣って遊んだ
ルビーの産地
スタールビーも!
ルビーの原石をとるために採掘された、デカくて白い塊りが無雑作に道路に放置
アフリカ原産
紅 ホン
河 がわ
高速道路はできてまだ数年。ハノイからラオカイの中越国境まで2時間! ベトナム人にとって
雄王神社
ギアリン山
頂上に雄王神社あり。観光バスが来て土産物屋が並び電気自動車が走り、さながらテーマパークの様相。
ヴィエトチ
ダー河にかかる大きな橋の上から砂塵にかすむ紅河が見える。2000年頃まで、渡し船と値段交渉してバイクを乗せて渡ったものだった…
チュンハ橋
ゴークエン
ゴー・クエン(898-944)中国から独立したベトナムではじめて王を称した!
呉権廟とミア寺に行って昼食を食べた。日本のODAが入り昭和女子大のプロジェクトで街並保存されているキン族の美しいデルタ村。
ドゥオンラム
9:30〜12:00
1295m
バヴィ山
9:00
ドライブインでトイレ休憩 バイン・スア(練乳菓子)を購入!
バヴィ山付近は軍施設と農場が多く、乳牛飼育も盛んでヨーグルト、生乳なども販売。行楽地でもあり、ゴルフ場もある。
高速道路
郊外の水田が次々に売られ、工業団地にかわりつつある
ハノイ
ホアビン湖
ホアビン

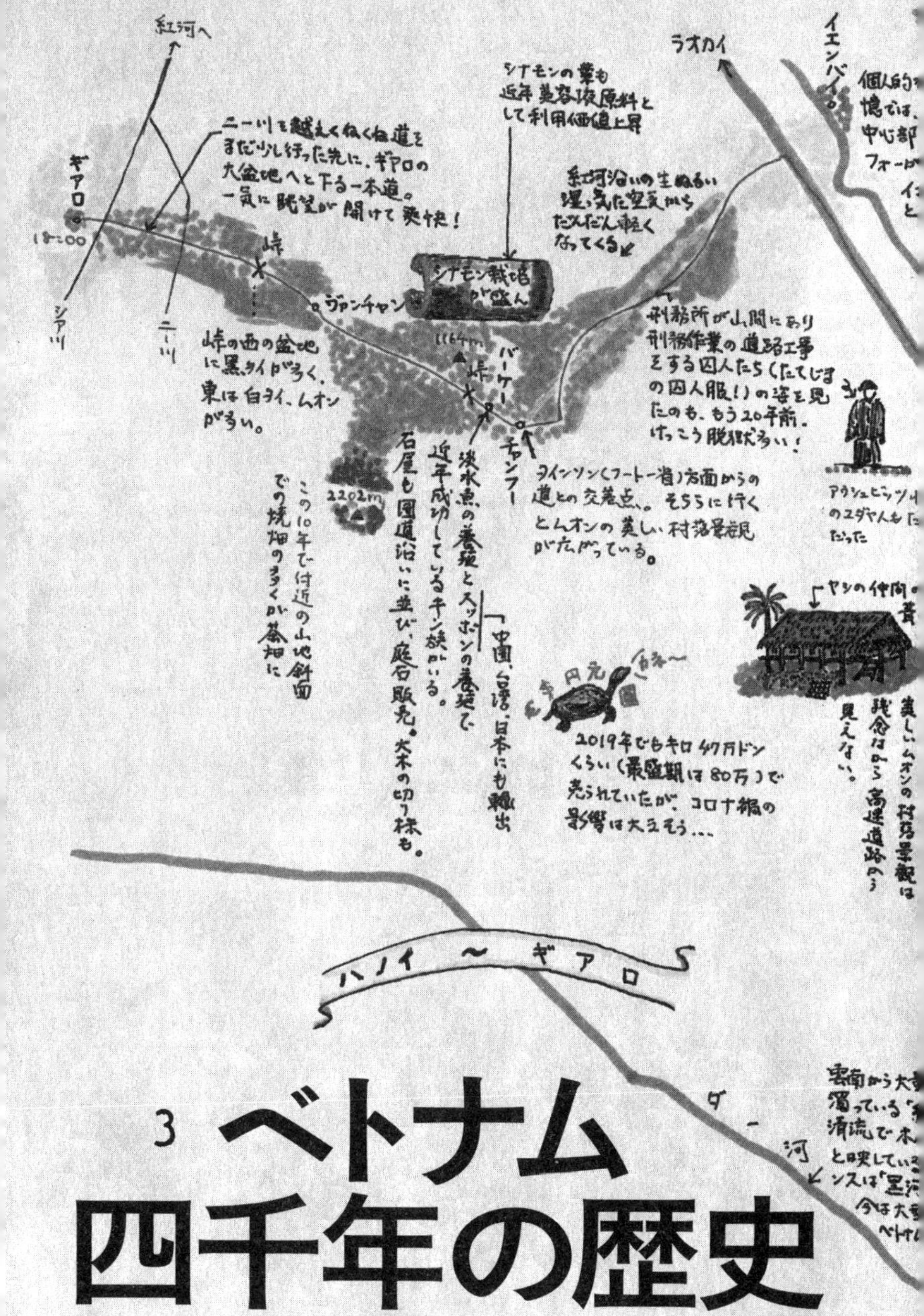

3 ベトナム四千年の歴史

xã Đường Lâm thị xã Sơn Tây

ムオン・ロは広くて先がかすんでいる
何万、何十万もの米倉を満たす大ムオン

黒タイの人たちは、屈指の米所《こめどころ》ギアロをこう言祝《ことほ》いだ。

ムオン（ムアンとカナ表記してもいい）とは、だいたい盆地を単位として政治的にまとまっている「くに」を意味する黒タイ語だから、ムオン・ロとは「ロのくに」。キン族のことば、つまりベトナム語ではギアロとよぶ。この日の最終目的地だ。

ギアロは紅河の西側に連なるホアンリエンソン山脈の高山に抱かれた大盆地にある。ムオン、タイー、白タイ、黒タイ、モン、ザオその他の少数民族が暮らす、はるかなる山の世界。ハノイから三〇〇キロ、と遠い。

紅河デルタから外に出てしまう前に、キン族の村もS氏に見せておきたい。探すまでもなく、ドゥオンラム村がちょうどとおり道にある。第二話でレ・ロイが十五世紀にベトナムを中国明朝による十年以上の支配から解放した話はしたが、この村はそれよりさらに五百年前の十世紀、千年に及ぶ中国の支配からベトナムを武力により独立させたゴ・クエン（呉権、八九八-九四四）の故郷。その意味で、ベトナム王朝史の「はじまり」の地だ。

ドゥオンラム村はフン・フン（馮興）の出身地でもある。フン・フンはゴ・クエンから遡ること二百年前、八世紀末の人だ。唐の支配による圧政と重税に苦しみあえいでいた土地の人の訴えを、腕っ節のめっぽう強いフン・フンは、力持ちの弟フン・ハイ（馮駭）とともに「ふん」とか「はい」とか言って聞き入れ、反乱をおこした。トップの高正平《カオチンバン》都護はビビり死にし、一時的だがフン兄弟は独立した自治政権を築いた。[★1] ゴ・クエンとともにフン・フンは、今では「二王」とまで称され、あがめ奉られている。要するにドゥオンラム村は、中国を駆逐して後に自分たちの国をつくったキン族の、すなわちベトナムの「つながり」のシンボルなのだ。

　この日の午前中はそんな英雄たちを輩出した由緒あるドゥオンラム村をまず訪ね、昼食後はベトナムの神話上の始祖にゆかりのあるギアリン山をチラ見する。紅河デルタにあるキン族とベトナムの王朝の「はじまり」の地二

ギアロ盆地（2005年）

つを確認してから、山の世界へと発つのだ。

「はじまり」の村の観光化

ドゥオンラム村では二〇〇三年ごろから、昭和女子大学国際文化研究所や奈良文化財研究所がＪＩＣＡと連携し、農村の景観保全のための調査や活動を展開してきた。だが「古い景観を残すのに協力してね」とお願いしたって、バンカラな村人たちに「バカ言ってんじゃないよ。便利でイケてる暮らしするなってのか！　それにこのご時世、わざわざ古くさい家でダサい暮らし続ける方がカネかかるんだぜ」と怒られて一蹴されるに決まっている。景観保全と同時に村人たちの収入源も確保しなくてはならない。そこで、あわよくば世界遺産登録にこぎつけようと目論《もくろ》み、歴史景観保存と観光がセットの開発を進めてきた。よそからたくさん人が来て、「古いってかわいいよね」みたいなノリでもいいから喜んでくれて、気前よくお金も落としてくれたら、旅行者も村人もみなハッピー、という明るい思想だ。

では、村のなにが観光資源になるのか。

キン族の伝統的な村落景観、寺や集会所など歴史的建造物、二王ら国家英雄を祀る神社、村の祭礼、伝統的な衣食住そのものだ。★2 たしかにベトナムの時代劇の撮影でもできそうな、古くて落ち着いたたたずまいの村だ。暮らしそのものも観光の目玉、という点は合掌造りで有名な岐阜県白川郷の観光コンセプトに近い。ただしドゥオンラム村にただで観光客は入れてもらえない。入郷料が必要なのだ。どうしても維持費がかさむからだ。

それだけ観光化に力を入れている村なので、まともに見ていると丸一日つぶれてしまう。だが、村の見学はゴ・クエン神社とミア寺だけにした。ギアロで黒タイの古老ビエンさんに夕飯に招かれているからだ。ギアロはいくつも峠をこえた二五〇キロ先にある。

ベトナムは仏教国?

ミア寺について説明するために、仏教の寺の話からはじめよう。

ベトナム北部には中国とインド双方から二世紀までに仏教が伝播し、大乗仏教の布教もはじまった。十五世紀までには儒教や道教との混淆《こんこう》も進んだ。寺には阿弥陀、観音、釈迦、三蔵法師などのほか、玉皇上帝《ぎょくこう》をはじめとする道教神、「聖母道」という民間信仰の女神、元寇を撃退した英雄チャン・フン・ダオなど、ジャンルごちゃ混ぜで神仏の像が並んでいるのがむしろふつうだ。[★3] ミア寺も例にもれず、堂内に二百以上の神や仏の塑像《そぞう》が混在している。

ミア寺とは「サトウキビ寺」の意味で、正式名称はスンギエム（崇厳）寺。この寺の売りは、九層の仏舎利塔だ。

サトウキビ寺の俗称はその塔の形に由来するものだとばかり、わたしは勝手に思い込んでいた。八角形の灰色の尖塔が、サトウキビの茎のように天に向かって高くまっすぐ伸びていて、八面を飾る龍たちのもたげる尻尾の列は規則正しく並んでいる。塔のシルエットを、畑に立って実るサトウキビに見立てたにちがいなかろう、と。だがちがった。その名の由来は、村がサトウキビの産地として有名だったからだった。

サトウキビを「ミア」というベトナム語の語源伝承とも、この寺の名はかかわっている。

ベトナムの始祖、雄王《フンヴォン》については後述するが、その雄王にミエ（媚醯）という娘がいた。サトウキビという植物が発見されたのがこの村付近だったから、雄王が娘の名にちなんでミアと名づけ、しかも土地の名もミアになったというのだ。[★4] つまりミア寺の名にも、雄王以来のベトナム四千年の歴史がこめられているのだ。

ミア寺の9層の仏舎利塔（2013年　ドゥオンラム村）

「日本の寺よりも中国の寺に似ていますね。ところで、ベトナムは仏教の国ってことでいいんですか」とS氏が尋ねた。

「たとえば外国に入国する際、自身の宗教について訊かれて、とりあえず「仏教」って書く日本人多いですよね。信仰として、というより文化として仏教が入り込んでいる点で、ベトナムは似ています」

ベトナムの宗教について、民族との対応の点から簡単にまとめておこう。

まず、少数民族の話からする。カンボジアと接する南部のメコンデルタを中心に、約百三十万人が暮らしているクメール（広義のカンボジア人）は、カンボジアやタイと同じく上座仏教徒だ。お坊さんは黄色い袈裟《けさ》を着ている。

今のベトナム中南部を中心に十七世紀末まで存続したチャンパ王国を築いたチャムには、ヒンドゥ教徒やイスラム教徒が多い。その他の少数民族は祖先崇拝と精霊崇拝が主で、一部は植民地期以降にキリスト教化している。

ややこしいのは八千二百万（二〇一九年）★5の人口を抱える、主要民族のキン族だ。たいがいの村に大乗仏教の寺があり、そこによく女性たちが集まって家族の愚痴を吐き出したりしている。ただしその信心となるとよくわからない。その実態は、大乗仏教、道教、儒教が祖先崇拝や精霊崇拝《アニミズム》とも習合していて、その全体を現世利益追求の民間信仰と見ることもできる。★6 神憑りするシャーマニズム儀礼も盛んだ。

要はお金が儲かり、楽な気持ちにさせてくれるのなら、神でも仏でもイワシの頭でもなんでも拝む。もちろん消費文化としてのクリスマスの受容にもためらいがない。老若男女問わずおカネの話が大好きなキン族だけに、金儲けへの執着が露骨な点が異なるとはいえ、宗教との接し方は日本人に近いのだ。なお、キン族にもキリスト教徒に加え、カオダイ教やホアハオ教など植民地時代に発生した新宗教の信者は多い。

ベトナムでは憲法で信教の自由が保障されている。だがその活動は制限されてきた。市場経済化以降は規制緩和が進み、長いあいだ仏教、カトリック、プロテスタントの三つだけだった公認の「宗教」が三十以上にまで増えている。とはいえ、現在も政府宗教委員会によって宗教が団体単位で管理されている点は変わらない。★7

ちなみに旅から帰国したあと、二〇一九年に行われた国勢調査の結果が発表された。宗教に関する人口統計を見て驚いた。総人口九千六百二十万人のうち八六パーセントの八千三百万人が「無宗教」と回答していたからだ。

しかも、ずっと最大多数だった仏教徒が四百六十万人のみで、カトリックの五百八十六万人に次ぐ二位に転落した。★8 村では葬式、法事、年中行事などで寺とのかかわりが深いが、都会に出て郷里の村とのかかわりから遠ざかった若い人が多くなったせいだろうか。その理由はわたしにはよくわからない。

ベトナム王朝の「はじまり」

ゴ・クエン陵と神社はミア寺のすぐ近くだ。その墳墓と神社は道を差し挟んで向かい合わせにある。

「日本だと、古墳と神社がセットの場合、だいたい社殿は古墳の上か、古墳を拝む向きにあります。でもここは、墓に背を向けて拝むんですね」と、S氏が首をかしげた。

キン族の葬制では、亡くなった人をふだんお祀りする場所は家族の祭壇や一族の祠堂だ。遺体を埋葬した墓地とは別のところにある。そもそも埋葬地と祀るための場所が一つではないのだから、神社がどちらを向いていてもかまわないのかもしれない。もっともキン族にも墓参りがあるから、この回答でもちょっと苦しい……。

そういえば、そもそもS氏にゴ・クエンについて、ちゃんと説明するのを忘れていた！　遅ればせながら、少し説明しておこう。

ベトナムでゴ・クエンがなぜ偉人なのかを語るには、面倒だが、ゴ・クエンからさらに千年以上遡る必要がある。

前二二一年、中国で秦の始皇帝が国土を統一した。だが秦朝の安定は長続きしなかった。その混乱をチャンスとばかり、今のベトナム北部にまで侵攻していた秦の遠征司令官だった趙佗《ちょうだ》が「南越国」という独立国をたててしまった。秦はもちろん、前二〇二年に中国を再統一した前漢も、趙佗の反逆が気に入らない。趙氏の南越国は百年反抗し続けたものの、前一一一年ついに武帝によって滅ぼされた。

南越国の都は現在の広州で、趙佗は中国北部出身の漢族だった。だから趙佗の南越国も中国による支配みたいなものだ。なのに、ベトナムの正史は、南越国をまるでキン族による国だったかのようにあつかい、その滅亡を以て中国によるベトナム支配の「はじまり」と見なしている。★9

中国によるその支配は九三九年まで、なんと千年以上も続いた。古代に紅河デルタ

ゴ・クエン陵に立つお堂（2013年　ドゥオンラム村）

を支配した国は、いずれも中国に出自があった。だが、一貫して中国に反抗し続けたのは南越国だけだ。だからベトナムは、せめて南越国をベトナムのものとしてあつかいたい、ということか。でないと、神話は抜きにして、歴史学上はベトナムという国の成立が十世紀にまで下ってしまうからだ。ベトナムは中国と張り合えるくらい古くなくてはならないのだ。

そんなベトナムを千年の恥辱から解放した闘士こそ、ゴ・クエン。九三九年に彼は王を名乗り、ハノイ郊外のコーロアを都として王朝を開いた。新しいベトナムの「はじまり」だった。

トラのような怪力男

伝説によるとゴ・クエンは幼少期から金太郎のように怪力で、長じては眼光鋭い大男、歩く姿はトラのようだったという。弁慶なみに強そうだ。そんなゴ・クエンはどんな姿をしているだろうか。

神社にある朱と金でピカピカの祭壇に、その神像があった。皇帝のように金の衣と冠を身にまとったゴ・クエンは、赤ら顔で高貴なヒゲをたくわえている。正装していても若いころからの破格な猛者ぶりが隠しきれない、「地上最強のカラテ!」を謳った極真空手の創始者マス大山や、「格闘王」の異名をもつ元プロレスラー前田日明《あきら》みたいでかっこいい。

森に囲まれたゴ・クエン陵を参拝していると、たまたま土地の男性が来たのでそこのお堂がいつできたのかを訊いてみた。

「十世紀だ」

たしかにゴ・クエンは十世紀の人だが、どう見てもお堂はそんな古くない。もう一回たずねてみた。

「十世紀!」

ミア寺の場合、十三世紀にまずそこにできた小さな寺が、現在のような寺院に発展したのは十七世紀になってからだ。そのこととゴ・クエンの墓の整備とは関わりがあるはずだ。

だが彼は頑なに十世紀を主張した。それは彼の強い郷土愛によるものなのだろうか。あるいは、わたしの聞き方が悪かったのかもしれない。

ちなみにベトナム北部のキン族の村に、荘厳な堂々たる寺や神社が建つようになったのは十七紀末から十八世紀、と新しい。ミア寺の整備はそれよりわずかだけ古い。

そのころ王朝の権力は弱体化していた。村は自治を強化した。自分たちの村は自分たちで守るしかないからだ。キン族の村は「王の掟も村の垣根まで」という有名な諺が示すような、自律性の高い村になった。同時に、村の鎮守も巨大化した。[★10]

帰国後に知ったのだが、ゴ・クエン神社の直近の改修は一八七四年だそうだ。現地の碑文にそう記されている。[★11]その場でちゃんと読めばよかった。とにかく、ゴ・クエンの神社と墓が整備されたのはミア寺よりずっと新しいのだ。

第二話で述べたように、ホアンキエム湖のカメにレ・ロイが神剣を返した伝説は、国が独立を保てなくなりフランスに植民地化された十九世紀に、レ・ロイの英雄化とともにできあがった。ゴ・クエンが王朝の「はじまり」をもたらした英雄として神格化されたのも、同じ時代背景の産物だったのだ。

「はじまり」のモニュメント

ドゥオンラム村を出発してほどなく、チュンハー橋をわたった。橋の上から右を見ると、勢いを落としたダー河が、遠くの黄色い霞の下で紅河の流れと交わっていた。

このあたりで、西北部の水を集めるダー河と、東北部の水を集めるロー川という二つの大支流が紅河と合流して砂州をつくっている。山地が間近に迫った紅河デルタのこの合流点付近こそ、キン族の、そしてベトナムの「はじまり」の地だ。考古学の成果によると、約四千年前には人が暮らしていて、紅河デルタの開拓はここからはじまった。

むかしむかし、ラックロンクアン（貉龍君）はアウコー（嫗姫）と結婚して百の卵をうんだ。古代中国で「百越《ひゃくえつ》」として十把一絡げにされていた、長江より南に住む人々の祖先たちはすべて、その卵から生まれた。その長男こそ、サトウキビの話で登場済みの雄王、つまりキン族の始祖だ。長じて彼が先の三つの大河の合流地点付近に文郎国《ヴァンラン》をたて、ベトナム建国の祖となった。

文郎国の王は十八代続いたのだが、実は雄王は最初の一人だけではない。十八人の王すべてが雄王なのだ。雄王の墓と伝えられる場所も付近に散らばっている。

現在雄王神社があるギアリン山に、立派な雄王の陵墓が建設されたのは一八七四年のことだ。

またしても一八七四年！　ゴ・クエン神社の改修と同じ年だ。すでに南部からフランスの植民地になり、独立が風前の灯火だったそのころ、阮朝は必死になってベトナムの「はじまり」をつくって盛り上げ、民衆の「つながり」を強化することに躍起になっていたのだ。

　この始祖の墓は、国家の「はじまり」のモニュメントに他ならない。しかもこの墓は、ホー・チ・ミンが一九四五年に独立宣言をした後、国民の「つながり」のシンボルとして国家祭礼との結びつきをどんどん強めていく。

　まず翌一九四六年に、この陵墓で雄王の命日（旧暦三月十日）の祭礼が開催され、ホー・チ・ミン主席が参列する。それは、第二次世界大戦中にインドシナに対する実効支配を日本に奪われたフランスが、日本敗戦を受けて再植民地化に乗り出す前夜のことだった。またまたベトナムの独立がヤバかった時期なので、とにもかくにも民心を一つにする必要があったのだ。

　フランスとのその戦争にディエンビエンフーで終止符を打った一九五四年にも、ホー・チ・ミンはまたやって来た。始祖へのお礼参りだ。かくしてギアリン山の陵墓こそが、公式に「ベトナムの始祖」雄王の墓となった。

　以来、歴代の指導者はギアリン山での命日の祭礼に参列する。その日が、いわばベトナムの建国記念日。★12

ギアリン山は、ダー河、ロー川が紅河に合流する地点のすぐ上手にある。標高一七五メートルの山に、雄王陵、雄王神社、雄王の母アウコーを祀る神社などが点在している。

ドゥオンラム村から三十分ばかりのドライブだった。麓に大きな駐車場があり、売店が並び、電動カートが走っている。カップルや家族連れでにぎわい、テーマパークのノリだ。

「伊勢神宮や出雲大社などとちがって、おごそかな雰囲気ではないですね」と、S氏が目を丸くした。

その反応にわたしは満足した。ベトナム「はじまり」の地の現代ベトナムらしさをS氏に知ってもらえれば十分だ。

「はじまり」は山の精

ちょっと時間を遡って、前夜のことを話したい。

ハノイでの一日が終わってホテルにもどったあと、ラウンジで福田さんがわたしたちの旅の予習のために、紅河デルタの古代史を解説してくれた。以下がわたしの理解だ。

歴史的に見ると、雄王の時代に、すでに中国から紅河デルタへは水陸の三つのルートが確立していて、中国からの植民も進んでいた。こうした人とモノの移動と交流を背景として、第十八代雄王の娘、ミヌオン（媚姫）に中国の蜀《しょく》の王が求婚したが断られた。

次に山の精と水の精が求婚した。二人はどちらが先に姫への贈り物をもってくるかを競争した。勝って姫を手に入れたのは山の精だった。その子孫がキン族だ。

S氏がこの話についてこんな感想をもらした。

「山の精と水の精が争って山の精が勝ったって、なんだか海幸彦《うみさちひこ》と山幸彦《やまさちひこ》の話みたいですね」

兄の海幸彦に借りた釣針をなくした山幸彦は釣針をさがしに海にもぐり、海宮のトヨタマビメと結婚した。トヨタマビメのおかげで超能力を手に入れた山幸彦は高潮を起こしたりして海幸彦をとっちめる。勝った山幸彦の孫が神武天皇だということと、山の精の子孫がキン族だということもなんだか似ている。

大林太良によると、海と山の対立によって洪水が生じたという伝承は、中国江南からベトナムにかけて分布している。それらと海幸彦山幸彦の伝承もつながっている。[★13]

さて、この求婚競争の話には、次のようなオチがついている。敗れた水の精はその後も執拗に水攻めを仕掛けてくる。だから、ベトナム北部は毎年洪水に苦しめられるのだという。水の精がめちゃくちゃ根にもって祟り続けているわけだが、紅河デルタの恐ろしい湿度による気候の悪さのおかげで、外部の勢力に侵略されても、そのたびにはね返すことができたのかもしれない。そう考えると、祟られるのも悪いことばかりではない。

なお、ミヌオンに最初にフラれた蜀の王も、これまたしつこかった。その孫の泮《はん》に文郎国を三万の兵力で攻撃させ滅ぼしてしまったのだ。

泮が安陽王《アンズオンブオン》として建国したのが甌雒国《オウラク》（前二五七‐前二〇八）だ。そのコーロアの城壁遺跡はハノイ郊外に現存している。なお、安陽王は金のカメのおかげで難攻不落のコーロア城を築き、またそのカメのツメで神弩《しんど》をつくったといわれている。★14 ハノイのホアンキエム湖のレ・ロイ以前にも、カメと縁が深い王権の伝承があるのだ。

甌雒国の「甌《オウ》」は北方から入植してきたタイ語系の集団で、「雒《ラク》」は紅河デルタに先住していたモン・クメール語系の集団ではないかといわれている。実は、雄王の「雄」の字も「雒」の書きまちがいに由来し、雄王は雒王が正しい。つまり雄王＝雒王とは、雒と称する先住民の王さまを意味する一般名詞だった。雄王が一人ではなく、文郎国の王十八人がすべて雄王だった理由も納得できる。先住民による文郎国が滅ぼされて、外来集団と先住民がいっしょに暮らす甌雒国ができたのだった。

さて、甌雒国ができて三十六年後の前二二一年、秦が中国を統一した。その卓越した軍事力を支えたのが弩《ど》、つまりボーガンで、秦にはそれを大量生産する技術があった。いっぽうで甌雒国の強大な軍事力も、弩によるところが大きかったというのは興味深い。

この甌雒国を滅ぼしたのが、第二話に登場した、もとは秦の始皇帝の手先だったが、裏切って南越国を勝手にたててしまった趙佗だ。とうぜん弩の威力を熟知していたから、「ミッション・インポッシブル」にもないえげつないやりかたで攻略した。自分の長男を安陽王の娘と結婚させ工作員として潜入させ、弩の引き金に細工して敵の兵力を封じておいてからコーロア城を攻めて陥落させたのだ。

ベトナムの神話としての「はじまり」は雄王だが、その歴史の黎明は蜀の漢族支配によって始まり、結局のところ十世紀まで外部の勢力に支配され続けた。先述のとおり、ベトナム史でまるでベトナムの古代国家のように扱われている南越国も、漢族の趙佗が今の南中国にたてた国家だから、紅河デルタの住民による国家ではなかった。だからベトナムという国の「はじまり」にとって雄王とゴ・クエンがとりわけ重要なのだ。

そのゆかりの地は盛大にモニュメント化されている。国民の「つながり」がこんなふうに目に見える形になると、次は祭礼をもっと盛大にし、テーマパークにつくり替えることだ。国のトップから一般庶民までこぞって集まり、国民が「つながり」を確認するために。国がピンチに陥っても、「はじまり」の英雄たちにふだんから喜んでもらっていれば、最強の守護神として国と国民をきっと守ってくれるだろう。

ギアリン山からイエンバイの町までは、二〇一四年に開通した紅河沿いの高速道路を使った。そのあと、西に広がる山の世界に突入する。わたしにとってはなじみある七曲がりの峠道をくねくねと、上っては下り、下っては上るの繰り返し。最後に並木のあいだの急坂をまっすぐに下りて、田畑の広がる盆地へと躍り出る。パッと開けた視界の先に、ギアロの町がある。

ホテルには夕方六時に着いた。荷物を置くとすぐ町に隣接したカンナー村に向かった。村のビエンさんのお宅で黒タイ料理をごちそうになり、彼が教えている若い生徒さんたちによる民族舞踊を鑑賞し、酒を酌み交わして話しているうち夜も更けた。

酔いも回ったことだし、ビエンさんの話は次の第四話に譲ろう。

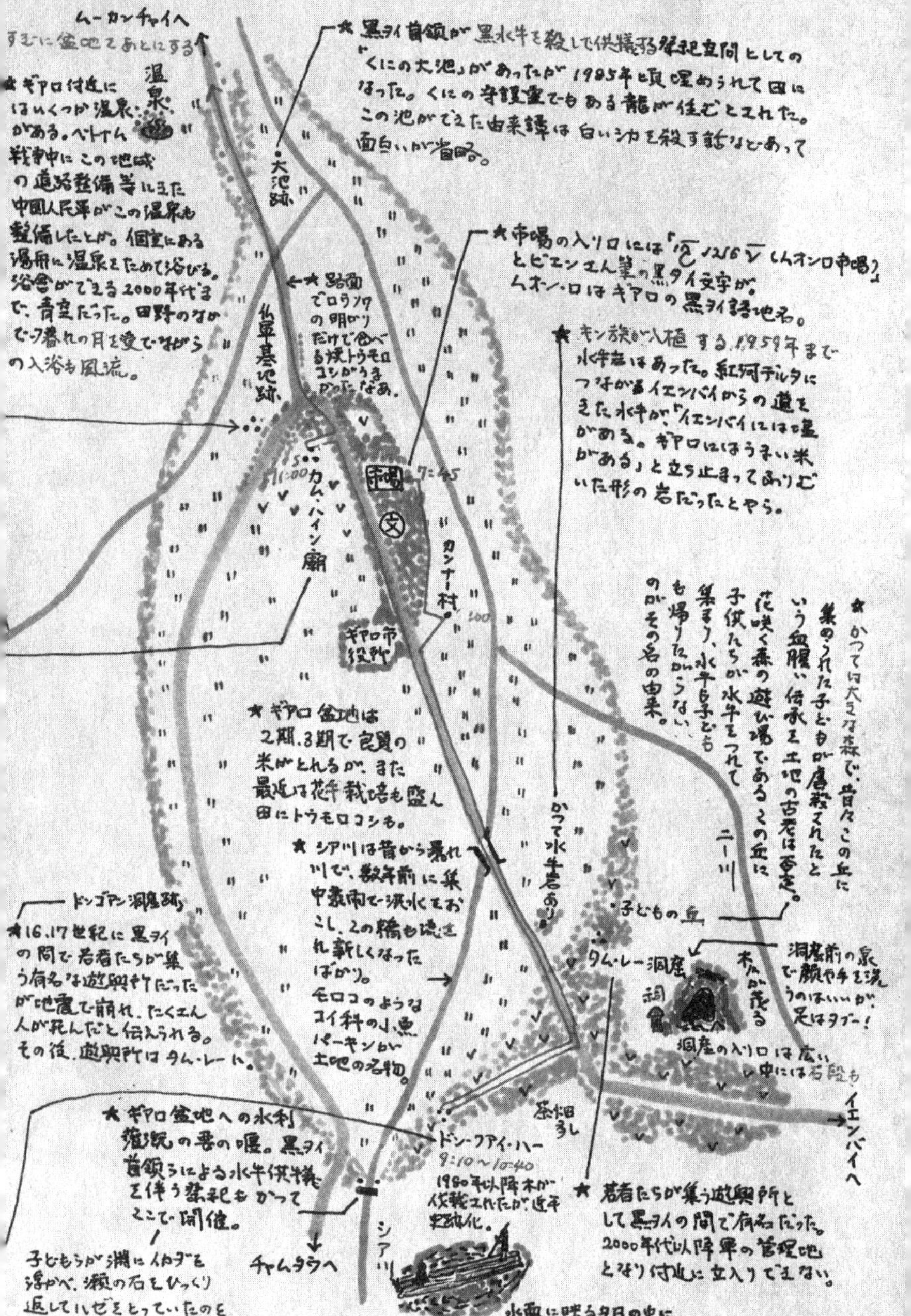

ムーカンチャイへ
すぐに盆地をあとにする
温泉
★ギアロ付近にはいくつか温泉がある。ベトナム戦争中にこの地域の道路整備等に来た中国人民軍がこの温泉を整備したとか。個室にある湯船に温泉をためて浴びる。浴舎ができる2000年代まで、青空だった。田野のなかで夕暮れの月を愛でながらの入浴も風流。
★黒タイ首領が黒水牛を殺して供犠する祭祀空間としての「くにの大池」があったが1985年頃埋められて田になった。くにの守護霊でもある龍が住むとされた。この池ができた由来譚は白いシカを殺す話などあって面白いが省略。
大池跡
★路面でロウソクの明かりだけで食べる焼トウモロコシがうまかったなあ。
仏塔基地跡
★市場の入り口には「[illegible]」(ムオンロ市場)とビエンさん筆の黒タイ文字が。ムオン・ロはギアロの黒タイ語地名。
★キン族が入植する1959年まで水牛岩はあった。紅河デルタにつながるイエンバイからの道をきた水牛が「イエンバイにはない塩がある」と立ち止まってふりむいた形の岩だったとやら。
5:00 11:00
カム・ハイン廟
市場
7:45
文
カンナー村
200
ギアロ市役所
★かつては大きな森で、昔々この丘に集められた子どもが虐殺されたという血腥い伝承を土地の古老は否定。花咲く森の遊び場であるこの丘に子供たちが水牛をつれて集まり、水牛も子どもも帰りたがらないのがその名の由来。
ニー川
★ギアロ盆地は2期、3期で良質の米がとれるが、また最近は花卉栽培も盛ん。田にトウモロコシも。
かつて水牛岩あり
★シア川は昔から暴れ川で、数年前に集中豪雨で洪水をおこし、この橋も流され新しくなったばかり。モロコのようなコイ科の小魚パーキンが土地の名物。
ドンゴアン洞窟跡
★16、17世紀に黒タイの間で若者たちが集う有名な遊興所だったが地震で崩れ、たくさん人が死んだと伝えられる。その後、遊興所はタム・レーに。
子どもの丘
タム・レー洞窟
洞窟前の泉で顔や手を洗うのはいいが、足はタブー!
木々が茂る
洞窟
洞窟の入り口は広い。中には石段も
茶畑多し
イエンバイへ
★ギアロ盆地への水利施設の要の堰。黒タイ首領らによる水牛供犠を伴う祭祀もかつてここで開催。
ドン・フアイ・ハー
9:10〜10:40
1980年以降木が伐採されたが近年緑化。
★若者たちが集う遊興所として黒タイの間で有名だった。2000年代以降軍の管理地となり付近に立入りできない。
子どもらが淵にイカダを浮かべ、瀬の石をひっくり返してハゼをとっていたのをカム・チョン先生と見たのが2005年。
チャムタウへ
シア川
水面に映る夕日の中に子どもたちのイカダが入っている

4 「はじまり」のプロデュース

Nghĩa Lộ tỉnh Yên Bái

11月25日(月)　20:50　ムーカンチャイ

朝六時半にホテルを出て市場に行き、朝食はフォーとおこわを食べた。八時にはカンナー村まで車でビエンさんを迎えに行き、ドン・クアイ・ハーとカム・ハイン廟を案内してもらった。かれの努力でドン・クアイ・ハーには祠が建ち、史跡案内板まで立っていてびっくり。

十一時すぎにはギアロを発ちサーホイ、トゥーレの盆地と棚田の美しい景観を堪能した。二〇〇〇年にはじめて福田さんとバイク二台で通ったときのすさまじい悪路が、十年以上前だがウソみたいにきれいに整備され、夕方五時にはムーカンチャイ到着。いつのまにかムーカンチャイ名物だというカモ鍋が、野菜たっぷりでおいしかった。

ギアロ

★インドシナ戦争期にフランス軍の基地があり(1944–1952)空港も1947年建設。ベトミン軍に破壊されたレンガ造りの遺構がある。こういうところをもっと整備すれば観光化できるかも。
ギアロ解放直後に教員として赴任した恩師カム・チョン先生。ここで2年以上、黒タイ、モン、白タイ、ムオンの子らにベトナム語や体育を教えていた。

★カム・ハイン廟

トタン屋根

ちょっとボロっちいが良い味出てる〜。

横1.65m 奥行1.15mのカム・ハインを祀る小祠。
中には酒、ビンロウジの実とキンマの葉、線香、花が供えられている

カム・ハインは1872年頃、ベトナム北部を蹂躙した中国の匪賊「黄旗軍」を撃退した黒タイ首領。
1957〜8年頃まで「ムオンロ遺池」があり、ムオンロのくにを作りあげたタオ・ドゥックを祀るガジュマルの木があった。
タオ・ドゥックにちなむタオ・ドゥック池も2000年代まであった。かつて黒タイ首領はその近くで黒白の水牛を犠牲にしてくにの守護霊祭祀を行っ

ロ沢山
魂
ケム沢山
豊かな森が1980年には失われ、沢も滝も涸れた
ロ沢
ケム沢
竹林が
棚田
かつての焼畑地は茶畑に。

★ナム・トック タットの沢

黒タイの故人の魂は皆ここまで戻ってきてここから天上に昇る(ケム沢→ケム沢山)と考えられている。今はどの沢も涸れて水がない。

★ドンクアイハーはロ沢山の麓にある。ナムトックタットから天上に昇った故人の魂を祀る鎮魂の

水牛岩

むかしむかし、スイギュウがイエンバイから山道を西へと歩いていた。ムオン・タックへの道が分かれる辻をとおりすぎ、ムオン・ロへの最後の坂を下りはじめて、スイギュウはふと思った。

「ムオン・ロは米がうまい。でも、ムオン・タックは塩がうまい」

スイギュウは立ち止まって、後ろをふりかえった。迷った。迷い続けた。

水牛岩は、そんなスイギュウの姿を映している。

夕べはそんな伝承のある道を走って、イエンバイからムオン・ロ（ギアロ）にやってきた。

実は水牛岩があったのはむかしの話。一九五九年に付近に入植したキン族が壊して撤去し畑地にしたという。岩のことを覚えている人などもうほとんどいない。

ムオン・ロから約五〇キロ南のムオン・タック（ソンラー省フーイエン）は、かつてダー河の水運で栄えた白タイのくにだった。海塩が積み降ろしされ、かつてギアロにも海塩はそこから多く運ばれていた。交易上、陸運が水運に勝ったのはフランスが道路を整備した一九二〇年代よりあとのことだ。

水牛岩があった地を、二〇〇〇年十二月わたしはビエンさんと訪ね、近隣のキン族の住人たちから付近の開拓の話を聞いたことがある。その月はギアロに滞在し、ビエンさんを毎日のようにバイクの後ろに乗せて、黒タイの伝承や歴史にゆかりがある土地を訪ねてまわり、古老たちに会って話を聞き、儀礼や行事に参加したのだった。

その調査は本当にきつかった。

調査研究とは精神をすり減らす高尚な思弁的営みだから、なんてエラそうなことを言いたいのではない。社交好きなビエンさんとの酒浸りの毎日が、下戸のわたしには拷問に近かったのだ。

その後も何度もビエンさんを訪ねているが、かならず吐くまで飲まされるからわたしにとってギアロは鬼門だ。だが今回の旅行では、自他ともに酒豪と認めるS氏が、さ

水牛岩のおはなし

すがに御年八十六歳の衰えをみせるビエンさんを、飲み比べで退散させてくれた。おかげでわたしはホテルに戻ったあとまで吐かずに済んだ。ちなみに後日うかがったS氏の感想では、この旅行中に飲んだ酒のなかでギアロの酒がもっとも芳醇でおいしかったそうだ。

一九三三年生まれのビエンさんは、ベトナムがフランス植民地から解放された一九五四年からベトナム戦争中の一九七二年まで、同じく黒タイが占めるソンラーにいた。その最初期に彼に黒タイ文字の読み書きを授けたのが、わたしの恩師でもあるカム・チョン先生だった。だからギアロではじめてわたしがビエンさんに会ったとき、先生は「お前の兄弟子だ」と紹介したのだった。

だが、ビエンさんはそのことを快く思っていなかったかもしれない。先生より年上だし、故郷ギアロに戻ったあと、黒タイ文字の古文書を集めて解読してベトナム語で紹介し、自力で郷土史家としての地位を築いたのであって、先生の助力を必要とはしなかったからだ。自分の方が優秀だ、くらいに思っているかもしれない。カム・チョン先生をはじめ同世代以上の物知りがほぼ物故した現在、黒タイの風俗習慣に関しては、彼こそがベトナム一の知識人だ。

たまたまそれを、なんと日本からベトナムへのベトナム航空機内で目の当たりにした。

機内テレビのプログラムに、ギアロの新春を祝う儀礼を紹介するドキュメンタリーがあった。★1 番組のなかで、村人たちを大きな木造の高床家屋へと導き、祭壇の供物を目の前にして、長い黒装束姿で、かしこみ、かしこみ祈禱している老尊師は……、

「あらまあ、なんと、ビエン氏ではないか！」

魂の上り口

すっかり郷土の文化人になったビエンさんのお宅で、S氏と夕飯をごちそうになった翌朝、ギアロの黒タイの史跡を案内してもらった。聖なる森ドン・クアイ・ハーとカム・ハイン廟の二カ所だ。

ドン・クアイ・ハーの「ドン」は森、「クアイ」はスイギュウ、「ハー」は捧げる、という意味だから、スイギュウをお供えする森のことだ。とくに「ドン」は、一般的な森を意味する名詞「パー」と異なり、神域としての森を示し、禁足地のことが多い。そこは町からだと、かつて水牛岩があった付近から右に折れ、盆地の東縁に沿った農道

の先にある。車を降りてから、疎林と草地のゆるい斜面をのぼる。驚いたことに、現在は小さな祠と史跡案内の看板が立っていた。

仰げば左右に長い山なみ。二つの険しい峰のあいだにV字の切れ込みがある。二十世紀後半の森林伐採により水が涸れてしまったが、かつてその双峰から集まった水は、V字の下でナム・トック・タットの滝となった。濃緑のキャンバスに白い線が一条映えていたにちがいない。

ドン・クアイ・ハーについては、この滝とセットでないと説明できない。

黒タイはベトナム西北部からラオス北部にかけての広い地域に暮らしているのだが、イエンチャウの人たちを例外として、故地をギアロ（ムオン・ロ）とする。というのは、神代の終わりに天から降臨した首領の祖が、紅河を下り最初に開いたくにがムオン・ロだと伝承しているからだ。故に、亡くなった黒タイの人の魂は山川をいくつも越え、はるばるムオン・ロにまで戻ってきて、ナム・トック・タットの滝から峰を上り、その頂きから昇天すると信じられている。つまりドン・クアイ・ハーは、故人の魂の上り口の遥拝地なのだ。

かつてドン・クアイ・ハーにガジュマルの大木が三本あった。その木のもとには、故人の魂の平安を祈って、遠方からでもスイギュウの肉を捧げに来る人の姿があった。し

1990年代よりも山に木は増えたが、
依然としてナム・トック・タットに滝はない（2019年）

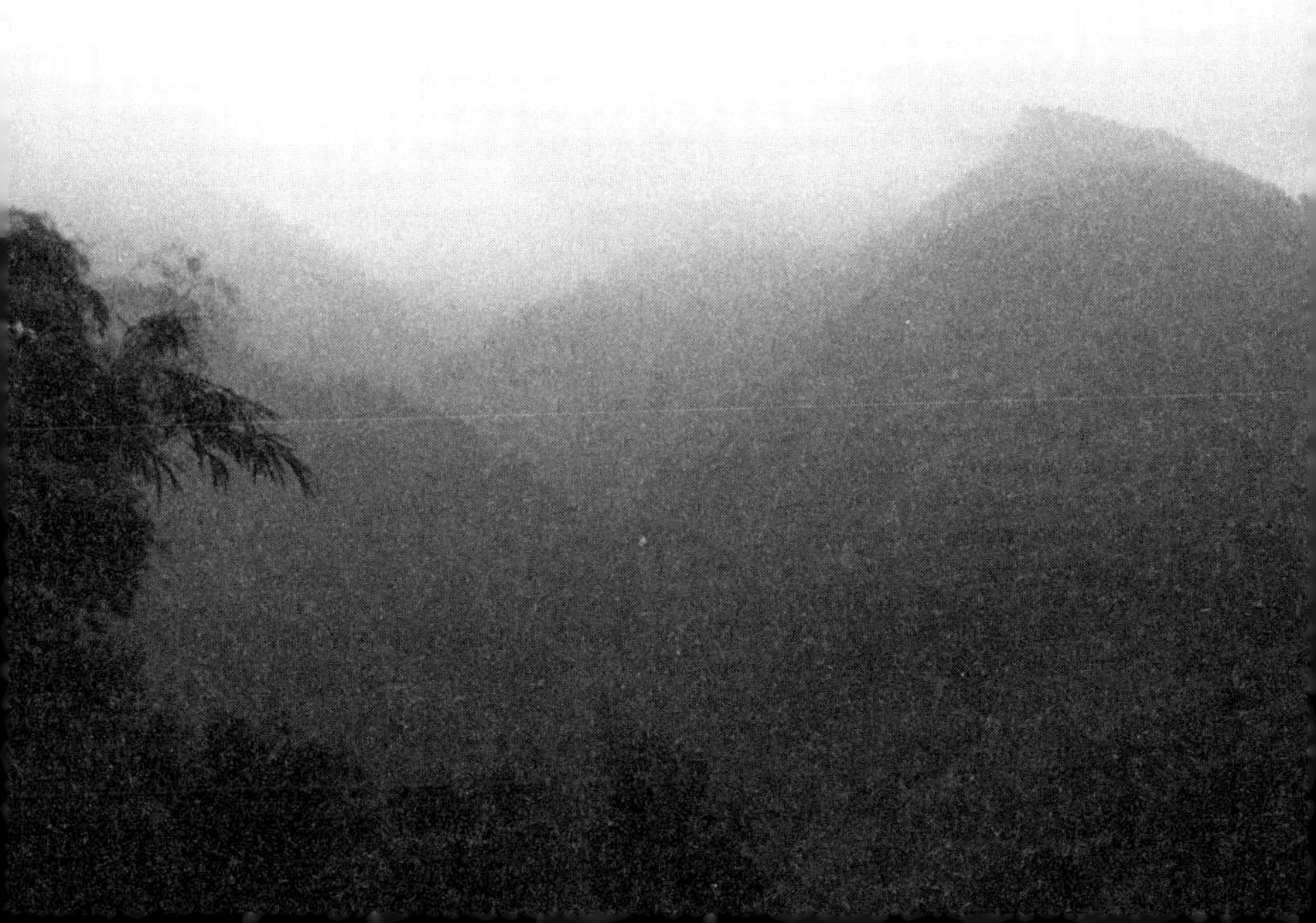

かし、一九七〇年代にキン族の入植村が近くにできると、景観も状況も変わった。それまで黒タイの人たちが、お供えや祈禱のため以外には立ち入らなかったドン・クアイ・ハーの森の木が次々と伐採された。一九八七年、ついに三本の大木も伐られた。木に登って遊ぶ子たちが洞《ほら》のなかに落ちたら危ないという、いかにもとってつけたような理由だったそうだ。★2

ギアロのキン族

S氏が尋ねた。

「なぜキン族の村が近くにできたんです?」

かつてギアロにキン族はわずかだった。公務員や商人にほぼ限られていた。農業を営むキン族の村ができたのは一九五九年以降で、その理由は海岸部の人が多くなりすぎたせいだ。

S氏は少し驚いたようすだった。

「ベトナム戦争の戦死者と行方不明者の数をあわせて二百万人とかいうじゃないですか。戦争中も人口は増えていたんですね」

紀元前にはじまった紅河デルタの開拓は長い時間をかけて進み、人口も増え続けた。二十世紀半ば、タイビン省やナムディン省など紅河デルタの臨海部は、米以外の産品はほとんどないのに、人だらけだった。当時の北ベトナム政府はその過剰な人口を、人口が少ない山間部へと移住させるプロジェクトを開始した。

S氏はすぐさま疑問を口にした。

「山間部には、本当にそれだけ移住者を受け入れる余裕があったんですか」

車窓からながめるイエンバイからギアロの風景がまさにそうだったように、丘も、山も、てっぺんまで人の手が入っていて、ベトナム戦争の映画に出てきそうなジャングルなどありはしない。S氏はちゃんと気づいていた。

「問題はまさにそれなんです」

わたしは少し長い説明をした。

表向きの理由は、インフラの整備も産業の育成も遅れているが土地は余っている山間部に、海岸部のキン族を送り込み、現地の人といっしょに仲良く経済開発すれば、みんな儲かり豊かになる。そんな発想だ。

しかし、ギアロの広い盆地でも、灌漑《かんがい》できるところは黒タイ、白タイなどのタイ族、またはムオンの手により、とっくに田んぼになっていた。いっぽう、山地斜面はというと、麓に近いところはやはりタイ族やムオンが焼畑や菜園などにしていた。また山頂近くには、中国からわたってきたモンやザオの村があり、広範囲に焼畑が拓かれ、あるいは草地に家畜が放されていた。

もちろん山に今よりたくさん森はあったはずだ。しかし、手つかずの原生林だらけだったわけではない。それはこんな理由だ。

かつての焼畑は水田と異なり、一つの土地で作物をつくるのは数年に限られていた。連作で地味が落ちて生産性が下がってくると、放棄して他の土地を新しく拓いて耕作したからだ。でないと斜面の表土が雨で流出し、不毛な荒れ地になってしまう。一度土地を森林に戻して土壌に栄養を蓄えさせるのだ。すると、いずれ同じ土地をふたたび畑にできる。森といっても、再生した二次林が非常に多かったのだ。

ところが各地の森を政府が「無主の地」とみなし、海岸部からの移住者たちを西北部各地に入植させ開墾させた。水牛岩を取り除いたのも、ドン・クアイ・ハーの森を開墾したのも、新しい入植者たちだったのは、そういうことだ。

S氏の質問は続く。

「生態環境へのストレスの大きさも科学的に考慮せずに、山地への大量移住をやっちゃったんでしょうか」

「実は人口の均等配置によって問題解決を目指すだけでなく、民族政策の重要なプロジェクトだったからではないかと、わたしは疑っています。ズバリ言えば、〝タイ族対策〟ですよ」

わたしはこんなちょっと刺激的な表現をした。そして少数民族びいきの穿った見解をS氏に吹き込んだ。

ベトナムのタイ族

ベトナムは多民族国家で諸民族の平等と団結を謳っている。この政治的スローガンは、フランス植民地主義との戦いの時代にまで遡る。逆にいえば、民族同士は平等でもなければ、かならずしも団結などしていなかったということだ。バラバラな民族同士をベトナムという一つの国の下にどうやって情報戦略でまとめるかが、戦争に勝つための鍵だった。

とりわけ重要だったのが、黒タイ、白タイ、タイー、ヌンなどタイ族だった。それはタイ族が西北部と東北部の広い地域に散らばっていて人口が多いだけでなく、山間部でもっとも支配的な民族だったからだ。

たしかに数字を見れば、現在のベトナムは人口の八五パーセントがキン族で、五十三もいる少数民族の人口をすべて足しても一五パーセント、と少ない。だが、ベトナムは一億人国家なのだ。少数民族は一五パーセントでも千五百万人いることになる。隣国ラオスの人口が約七百三十万人[★3]（二〇二一年）ということを考えると、その数がいかに多いことか。しかもタイ族だけで五百万人近くいるのだ。

先述のとおり、昔からキン族は、河口デルタと狭い海岸平野にうじゃうじゃひしめき合って暮らしてきた。いっぽう、二十世紀半ばまで今の国土の七割以上を占める山間部にキン族は非常に少なかった。

二十世紀前半、フランス植民地支配下で主にキン族の独立運動家たちは、近隣に住む他の民族を同朋として取り込み、植民地化される以前の阮朝の領土より、もっと大きなベトナムをつくることを思い描いていた。だが、他の民族の人々のあいだには、自分たちはベトナム語は話せないし、なぜキン族がつくる国の一員にならなくてはならないのか、と考える人も多かった。これに対して運動家たちは、民族を超えた「つながり」を彼らにもとめ、悪の権化フランスを追い出せばみな自由でハッピーな国ができると宣伝し、フランスを共通の敵とすることに成功した。そのおかげで一九五四年、ディエンビエンフーでフランスを破り、ベトナム民主共和国（北ベトナム）の独立を国際社会に承認させることができた。

ディエンビエンフーは、典型的なタイ族の盆地世界だ。詳しくは第六話で述べるが、黒タイにとって第二の故地といっていい伝承の地でもある。そんなところで勝利を収めることができたのは、もちろん現地の黒タイが味方してくれたからだ。したがって、戦争に勝ったらどの民族にもハッピーな国をつくると約束した手前、戦勝一周年記念に西北地方の広い地域を民族自治区とし、そこでは黒タイ、白タイ、モンなどの少数民族による一定の自治を承認しないわけにいかなかった。もちろんギアロも自治区内に含まれていた。

ベトナムがとくにタイ族に気を遣う必要があったのは、こんな理由もあった。広義のタイ族は東南アジアから西南中国の実に広い地域に暮らしている。まずタイ国とラオスはタイ族がつくった国だ。そのほか広義のタイ族はミャンマー北部のシャン州、中国西南部にもあわせて一千万人規模でいる。ベトナムは、といえば、西北部に白タイ、黒タイ、東北部にはタイ系のタイー、ヌンが多い。つまり北ベトナムの三分の二くらいの面積がタイ族の居住域だったのだ〔一〇三ページ図〕。

たとえば西北部だと、二十世紀前半まで黒タイや白タイのなかにベトナム語が話せる人は少なかった。むしろラオ語（ラオスの公用語）など同じタイ族とは会話もできるし、衣食住の習慣もずっと近い。もし彼らが周辺諸国のタイ系民族との連帯を強めて叛旗を翻しベトナムから離反したら、たちまち人ばかりウジャウジャいる小さな国になってしまう。だからタイ族対策が民族政策の要《かなめ》だったのだ。

実際、十九世紀後半に遡ると、最初はフランスに対して激しく抵抗を示していたのに一八九〇年ごろ親仏に転じた白タイの例もあるし、黒タイにしても二十世紀半ばまで親仏グループと反仏グループに分かれていたのだから、政府にとって要注意だ。国内のタイ族が国外のタイ族らと手を結んで離反しないように、また国内のタイ族の団結力をそぐように、タイ族内外の「つながり」をつねに監視しておく必要があったのだ。

そのために独立後のベトナムが実施した民族政策は、なかなか巧みだ。まずは民族自治区を設置してタイ族を懐柔し、次にキン族を大量に海岸部からそこに送り込み、タイ族の人口を相対的に減らし弱体化させたうえで、少しずつ同化することにしたのだ。そしてこの長期戦略は成功した。

東南アジア大陸部の主要なタイ族の分布図

水牛石が示す「はじまり」

ベトナムの民族政策に関するちょっと長めの話を差し挟んだが、ドン・クアイ・ハーにふたたび戻ろう。

二〇〇〇年にドン・クアイ・ハーの祭祀場所を見に来たとき、ビエンさんもそれがどこだったか、すぐに思い出せなかった。草むらのなかを探して歩き、黒い岩がいくつも露出している場所に行きあたって、「ここだ！」とやっと発見を告げたのだった。

今ではそこに、お供えのための小さな祠と屋根付き案内板が立っている。タイトルは、「歴史文化遺跡　名勝ナム・トック・タット」。

あれ！　ドン・クアイ・ハーではない。

案内板には、こんなことが書かれていた。

亡くなった人の魂はこの滝で清められて昇天し祖先

ナム・トック・タットを遥拝し、お供えするための祠も、
ビエンさんの尽力によりドン・クアイ・ハーに立っている（2019年）

になること、「水牛石」とよばれる磐群《いわむら》があり、そのうち二つが天から降臨したタオ・スオン、タオ・ガンの二祖だということだ。ちょっと名前が紛らわしいが、この水牛石は、冒頭に紹介したイエンバイから歩いてきたスイギュウの水牛岩とはまったく別物だ。

いっぽうで、ドン・クアイ・ハーが案内板に記載されていないことには驚いた。「むかしここは黒タイにとって神域の森として禁足地でしたが、近所のキン族が木を伐って畑にしちゃいましたとさ」とは、まさか書けないからだろうか。それにしても、ナム・トック・タットが清めの滝だということも初耳だった。滝をたどって魂が昇天することに、清めの意味がいつのまにか付加されていた。

史跡認定最大の功労者が当のビエンさんなので、水牛石について訊いてみた。そこにある大きな四つの列石が、下からタオ・スオン、タオ・ガン、タオ・ロ、ラン・チュオンという神話上の父祖の石だと言った。これまた初耳だ！　それぞれの石がお供えを置く供物台で、かつ依り代なのだとか。

この四人の父祖はみな、黒タイの伝承上の「はじまり」と深いかかわりがある。タオ・スオンとタオ・ガンが天から降臨し、タオ・スオンがこの地に最初にやってきた。タオ・スオンの息子タオ・ロが、最初の首領としてムオン・ロのくにをつくった。ラン・チュオンはその七番目の末っ子で、継承できる領地がなかったためこの地を去り、異民族たちを征圧してムオン・タイン（ディエンビエン）までの広い地域を手中に収め、黒タイの居住域を拡大した英雄で、黒タイの始祖として各地で見なされている。まるでカムヤマトイワレビコ（神武天皇）かヤマトタケルさながらの征服王として、崇められているのだ。

ちょっと不思議なことがある。伝承に基づくと、タオ・ロの末っ子ラン・チュオン系の首領がムオン・ロを支配するようになったのは十八世紀ごろ、とずっと後々のことだ。それまで長いあいだラン・チュオンの長兄にあたるタオ・ドゥック系の子孫が、首領として当地を支配していたはずだ。なのに、タオ・ドゥックの依り代となる水牛石はない。

いや、もっと不思議なのは、二〇〇〇年にはじめてビエンさんとここに来たとき、水牛石が始祖たちの依り代だとは語らなかったことだ。いつの間にその話が付け加わったのだろうか。だが、これをビエンさんにツッコむのはやめた。年長者の顔は立てるものだ。

祠と案内板の少し下に、かつて伐採されたガジュマルの大木三本の代わりに、若木が三本植えられていた。まだ茂る葉の色も厚みも薄くて華奢なこの三本の木が、いず

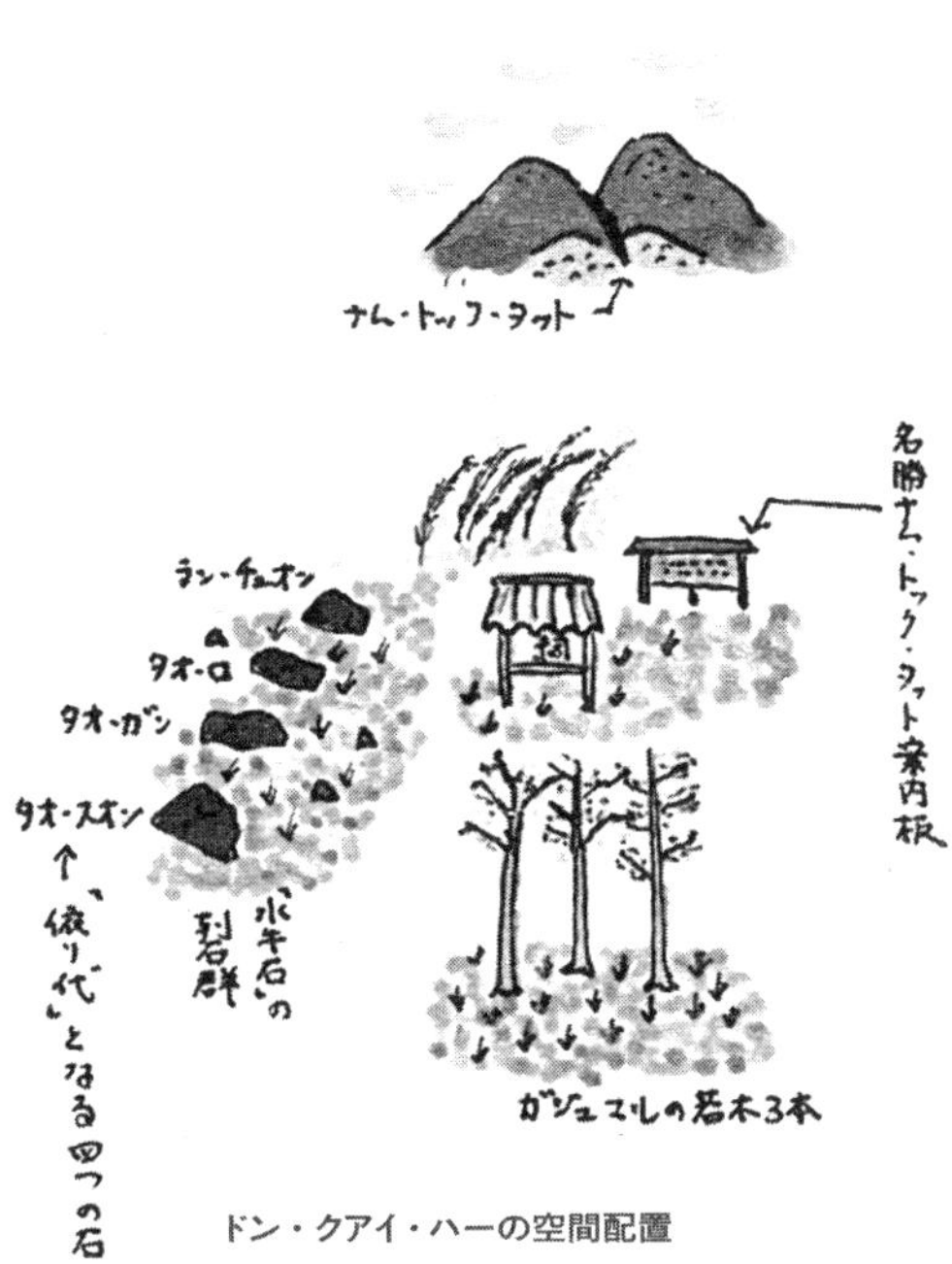
ナム・トック・タット
名勝ナム・トック・タット案内板
ラン・チュオン
タオ・ロ
タオ・ガン
タオ・スオン
"依り代"となる四つの石
"水牛石"の磐群
ガジュマルの若木3本

ドン・クアイ・ハーの空間配置

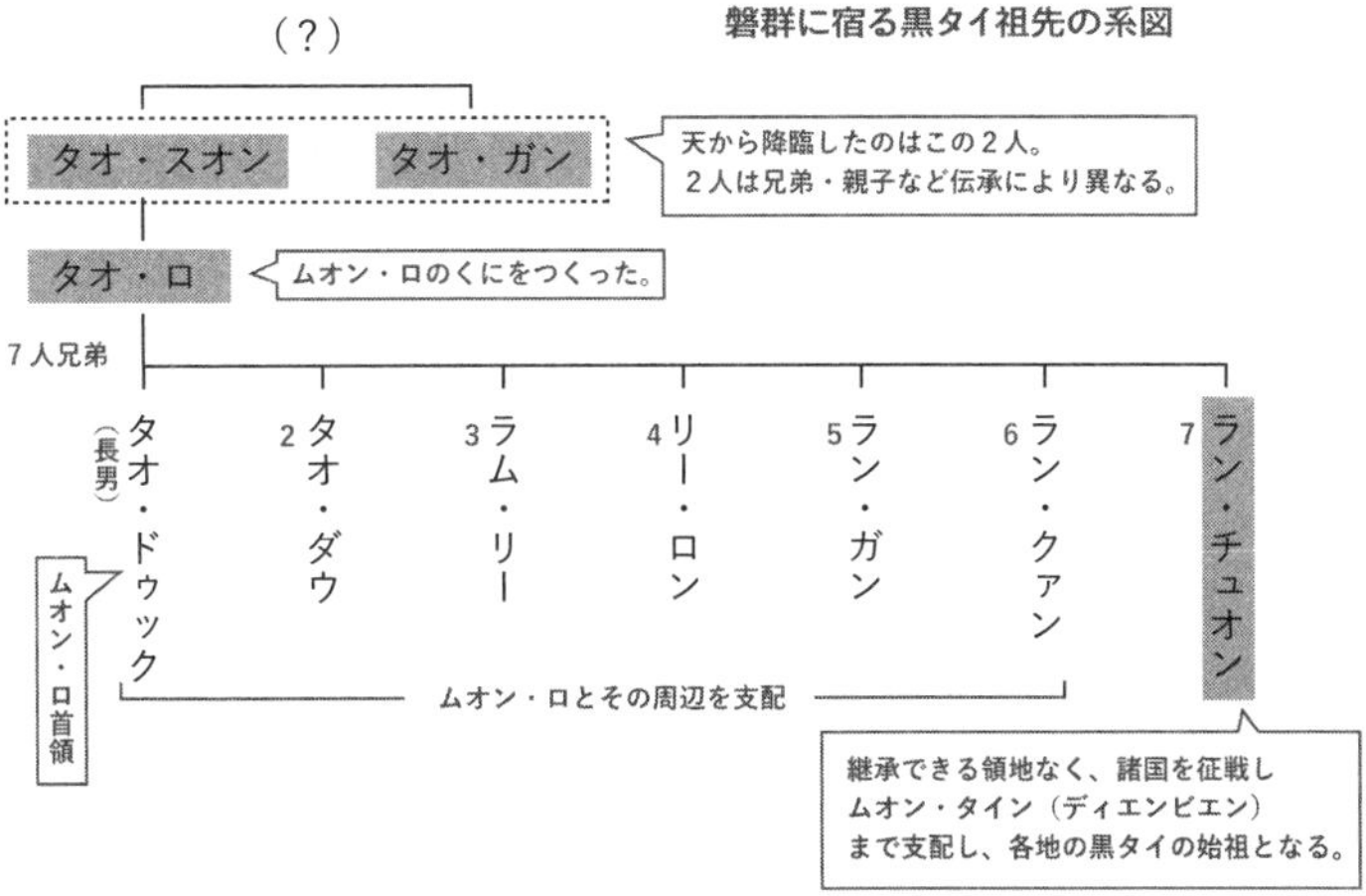
(?)
タオ・スオン
タオ・ガン
天から降臨したのはこの2人。
2人は兄弟・親子など伝承により異なる。
タオ・ロ
ムオン・ロのくにをつくった。
7人兄弟
(長男)タオ・ドゥック
2 タオ・ダウ
3 ラム・リー
4 リー・ロン
5 ラン・ガン
6 ラン・クアン
7 ラン・チュオン
ムオン・ロ首領
ムオン・ロとその周辺を支配
継承できる領地なく、諸国を征戦し
ムオン・タイン(ディエンビエン)
まで支配し、各地の黒タイの始祖となる。

磐群に宿る黒タイ祖先の系図

れ成長して深く根を下ろし、大木になるのだろうか。まだ日陰をほとんどつくらないその梢越しにナム・トック・タットを仰ぎ、その場をあとにした。

カム・ハイン廟

農道で近所のキン族の村人が、とおりすがりに話しかけてきた。暮らしのことを訊いてみると、

「今は茶畑だけだよ」と、語りはじめた。

「茶は年に五回収穫できて、一回の収量が一五〇キロ。キロ二十円だから売り上げは三万円。でも農業局に一万円納めないといけないから手元に残るのは二万円。年間で十万円。他に経費もかかるけど、まあ、やっていけるよ」

尋ねてもいないおカネのことまでうれしそうに語ってくれるところが、いかにもおカネの話を愛してやまないキン族だ。入植五十年の開拓者の労苦を思いやった。

わたしたちは車に乗り込み、ギアロの町の中心部にあるカム・ハイン廟を訪ねた。

一八七〇年代、中国からの武装匪賊《ひぞく》集団「黄旗軍」が流入して、付近一帯は蹂躙さ

れ占領された。匪賊の本陣はまさにビエンさんのカンナー村にあった。土地は荒廃し、飢饉が三年続いたという。

　匪賊たちに対して長男カム・ハインを頭《かしら》とする黒タイ首領一族の四兄弟が決起して戦いを挑み、ギアロを奪還した。その一連の話は、現地黒タイのあいだで物語「タップ・サック・コー・ルオン（黄旗の討伐）」として伝わっている。[★4] 阮朝から地方官の役職を得ていたはずのカム・ハインは、「黒タイの」とか、「ムオン・ロの」ではなく、ベトナムのフンホア省ヴァンチャン県ギアロの官僚として、地域の安定を回復させた立役者だ。

　ビエンさんによると、カム・ハインを祀る廟がかつてあったものの、都市整備のため一九六五年に除去された。そこで近年ビエンさんが地元行政に請願し、同じ場所に廟を復活させた。カム・ハインは、侵略者から黒タイの故地を、というよりベトナムの国土の一部を取り返した英雄だからだ。つまり、この英雄廟はギアロおよび黒タイとベトナムの「つながり」のモニュメント。少数民族内

ビエンさんの尽力でできたカム・ハインを祀る廟（2019年）

部に閉じられた「つながり」のためではなく、国や地域に対する少数民族の恭順のモニュメントなのだ。廟そのものは小さくて粗末だが、敷地自体は広く、公民館とゲストハウスの建設と整備が進んでいた。

まもなくわたしたちはビエンさんに別れを告げ、モンが多く暮らす雲の上の高地ムーカンチャイに向かって出発した。

愛息子の死

車中でS氏とビエンさんの話になった。

「郷土史家の域を超えた文化プロデューサーですね」

S氏がビエンさんをそう評したのは卓見だ。わたしは白状した。

「その端緒が、私が滞在してビエンさんと過ごした二〇〇〇年だったんじゃないかと思うと、ちょっと心が痛むんです」

その後二十年近く、ビエンさんは史跡の再発見以外にも、古い儀礼や祭礼を再現して開催したり、行政の資金補助も得て若者たちに黒タイ文字、歌、踊りなどを教える教室を毎週開いたりと、地域文化としての黒タイ文化の保存と育成に貪欲に取り組んできた。

前の晩に彼の若い生徒さんたちが披露してくれた踊りも、その成果の一つだ。地域の「つながり」を盛り上げようという地方政府の文化政策の潮流に乗って、ビエンさんが黒タイ知識人としての地位を現地で確立し、元気で活動してくれているのはうれしい。しかし、もはや物知りのレベルを超え、伝統の創造者になっている懸念もある。ナム・トック・タットでも、新しく黒タイの「はじまり」がプロデュースされていたからだ。

とはいえ、彼にも悲しみに暮れていた時期があった。

ある年のテト(旧正月)明けのことだ。ハノイの集合住宅にあったカム・チョン先生の家にいると、珍しくビエンさんから先生宅に電話がかかってきた。短い会話のあと神妙な面持ちで先生から伝えられたのは、ビエンさんの息子さん急逝のニュースだった。ケンカに巻き込まれて刺されたそうだ。よく知っている家族のことなので、わたしもショックを受けた。

ビエンさんには子どもが四人いた。

長男は人格、学業ともにすぐれ、地元で役所の幹部になった。いっぽう、次男はいろいろやらかした。ビエンさんが大切にしている黒タイの古文書を古物商にこっそり売っぱらって金にしようとしたり、木材の違法伐採に手を貸したり、いわゆる「バカ息子」だったのだ。もっとも、ちょっとやんちゃで冗談が好きで、わたしとは気が合った。この二人は、二〇〇〇年にはすでに結婚して独立し子どももいた。

その下に、ぽっちゃり丸顔の気立てのいい娘がいた。彼女は二十歳そこそこでよその村に嫁いだのだが、夫のＤＶに耐えかねてよく実家に戻ってきて家事を手伝っていた。末っ子の三男は、勉強ができ、サッカーも得意で、善良な笑みをいつもたやさず気配りの細かい子だった。

わたしはビエンさんの息子さんの訃報を聞いて、「あの次男がそんな死に方をしてしまうなんて」と心を痛め、彼の死を悼んだ。

翌年、わたしは久しぶりにビエンさんのお宅を訪ねた。

夫婦で家の外にまで迎えに出てきてくれた。あたりまえだが、二人とも覇気がない。奥さんなどわたしの顔を見るなり、腕にしがみついて顔を埋めて涙した。わたしはその小さな背中をさすった。そんなスキンシップのさなか、昼寝から覚めたばかりの寝ぼけ眼《まなこ》で、家のなかからやおら階段を下りて出て姿を見せたのは、あら不思議、次男ではないか！

てっきり亡くなったのは次男だと思い込んでいたが、なんと彼ではなく、善良そのものの自慢の息子、三男の方だった。

テトに若者たちでイエンバイまでバイクで遊びに出かけ、そこで別の若者グループと些細なことで衝突した。ナイフを取り出してのケンカになったので、三男がとめようとあいだに入った。しかし不運にも脚のつけ根の動脈を切りつけられ命を落としたのだそうだ。

その夜、ビエンさん宅で次男もまじえて酒を酌み交わし、やはり泥酔した。そして何度も嘔吐した。

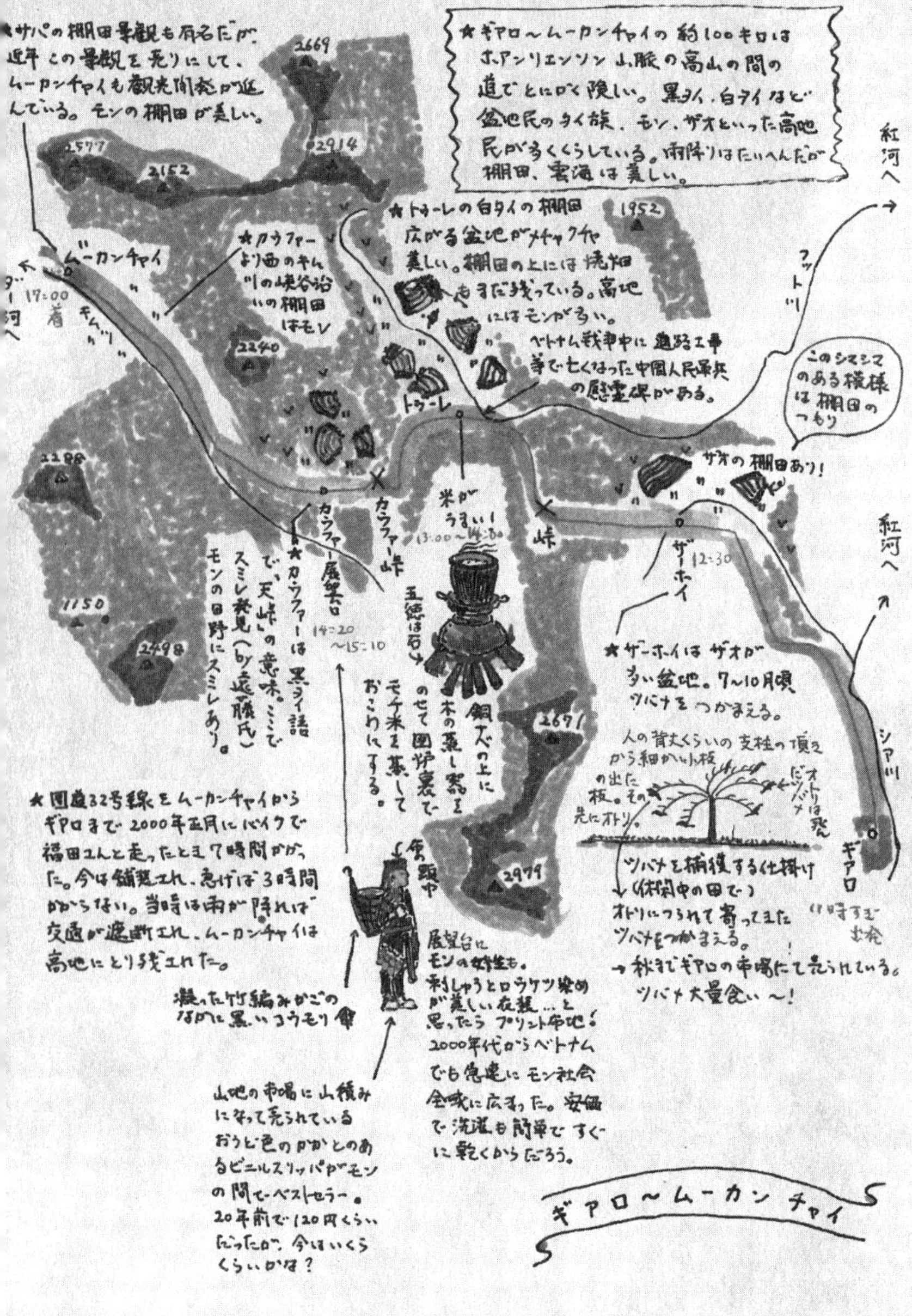

★サパの棚田景観も有名だが、近年この景観を売りにして、ムーカンチャイも観光開発が進んでいる。モンの棚田が美しい。
★ギアロ～ムーカンチャイの約100キロはホアンリエンソン山脈の高山の間の道でとにかく険しい。黒タイ、白タイなど盆地民のタイ族、モン、ザオといった高地民が多くくらしている。雨降りはたいへんだが棚田、雲海は美しい。
2669
2577
2152
2914
1952
紅河へ
★トゥーレの白タイの棚田
広がる盆地がメチャクチャ美しい。棚田の上には焼畑もまだ残っている。高地にはモンが多い。
★カウファーより西のキム川の峡谷沿いの棚田はモン
ムーカンチャイ
17:00着
キム川
ダー河へ
フット川
2240
ベトナム戦争中に道路工事等で亡くなった中国人民解放軍の慰霊碑がある。
このシマシマのある模様は棚田のつもり
トゥーレ
ザオの棚田あり!
2288
カウファー展望台
14:20～15:10
カウファー峠
米がうまい!
13:00～14:30
峠
ザーホイ
12:30
紅河へ
★カウファーは黒タイ語で「天峠」の意味。ここでスミレ発見(by遠藤氏)モンの田野にスミレあり。
五徳は石
銅ナベの上に木の蒸し器をのせて囲炉裏でモチ米を蒸しておこわにする。
1150
2498
2671
★ザーホイはザオが多い盆地。7～10月頃ツバメをつかまえる。
人の背丈くらいの支柱の頂きから細かい小枝の出た板。その先にオトリ。
オトリはだいたいツバメ
シア川
ギアロ
11時すぎ出発
2979
ツバメを捕獲する仕掛け(休閑中の田で)
オトリにつられて寄ってきたツバメをつかまえる。
→秋までギアロの市場にて売られている。ツバメ大量食い～!
★国道32号線をムーカンチャイからギアロまで2000年正月にバイクで福田さんと走ったとき7時間かかった。今は舗装され、急げば3時間かからない。当時は雨が降れば交通が遮断され、ムーカンチャイは高地にとり残された。
頭巾
凝った竹編みかごのなかに黒いコウモリ傘
展望台にはモンの女性も。刺しゅうとロウケツ染めが美しい衣装…と思ったらプリント布地! 2000年代からベトナムでも急速にモン社会全域に広まった。安価で洗濯も簡単ですぐに乾くからだろう。
山地の市場に山積みになって売られているおうど色のかかとのあるビニルスリッパがモンの間でベストセラー。20年前で120円くらいだったが、今はいくらくらいかな?
ギアロ～ムーカンチャイ

5

天空のア・フウ少年

Mù Cang Chải tỉnh Yên Bái

みごとな棚田で有名なベトナムの景勝地、といえばサパ。中国国境に近いその町は、もともとフランス植民地期に避暑地として開発された。開発の歴史が古いだけに、観光地化されすぎのきらいもある。インドシナ最高峰ファンシパン山（標高三一四三メートル）の頂上まで行けるロープウェイができ、天空に大仏さんまでいる。ちなみにここ最近、ベトナムでは観光地という観光地に大きな寺が建てられている。

わたしがS氏をサパではなくムーカンチャイにお連れしたのは、壮大な棚田風景を、地味に静かに堪能してもらいたかったからだ。しかし残念ながらムーカンチャイにも観光地化の波は押し寄せている。渓谷沿いにへばりつくようにしてある小さな町の裏手には、景観を損ねるという批判の声を受けたために、巨大ホテルになるはずの鉄筋コンクリートのかたまりが、建設途中で放置されたままそびえているのだ。とはいえまだ発展途上の観光地だ。しかも他のどの観光地からも遠く交通も不便なため、その日、観光客らしい人の姿は見なかった。

町には公務員や商人のキン族がいるが、この海抜一〇〇〇メートルを超える高地に、谷底から天にのぼる棚田の階段を築いてきたのはモンだ。

モンについて、S氏にわたしはこんな話からはじめた。

ライチャウ省タンウエン県にある白タイの村にいたとき、
雨季のたまさかの晴れ間にベトナム最高峰ファンシパン山（中央の峰）
が姿をあらわした（2002 年）

ア・フウ夫婦物語

ベトナムの食堂などで店の人や客とちょっとことばを交わすと、興味津々に「どこから来た?」「名前は?」「ここでなにしているんだ?」など、矢継ぎ早の質問にあう。そんなとき、ちっとは芸のある返答がしたい。

「山からきたモンだよ。名前はア・フウ」と答えてみる。相手はたいがい笑ってくれる。ときには「じゃあ、わたしはミイよ」とまで、冗談につきあってくれる気の利く女性もいる。モンといえば、主人公がア・フウで、ミイがヒロインの『ア・フウ夫婦物語』なのだ。

一九五三年に発表されたちょっと古い小説だが、学校の教科書にも載ったし、ベトナム戦争中の一九六一年に映画化もされたから、北部の人なら誰でも知っているほど有名だ。おそらくキン族が抱いているモンや、少数民族のイメージにこの作品が与えた影響は大きい。

負けん気、正義感ともに強く、優しく心根はまっすぐで、腕っ節がやたらに強いみなしご、といえば、わたしなんかの世代だと宮崎駿監督(アレグザンダー・ケイ原作)の『未来少年コナン』なのだが、ア・フウはコナン少年が成長したようなモンの若者だ。

ある正月、村長チョン・ラウの息子ア・スウは、若い男女が笙《しょう》や笛を吹き、歌って踊ってまり投げをして遊んでいるところにナンパしに行き、若者たちにケンカをふっかける。そんなア・スウをア・フウが返り討ちにし、堅い木の独楽で頭をかち割ったうえパンチで血祭りにあげる。だがア・フウは手下たちにとっつかまり、ブタのように縛られ棒に吊されチョン・ラウ、ア・スウ親子の家に運び込まれると、拷問を受け、不公正な裁判にかけられ、科せられた高額の罰金の返済のため奴隷にされてしまった。

実はア・スウには妻が何人もいた。そのうちの一人が、父親の借金のカタとして嫁がされ、労働にこき使われ虐待されているミイだった。

ある日チョン・ラウの屋敷で、トラに家畜が襲われ、牡牛が殺される事件が起きた。その責任がア・フウに押しつけられた。またもや激しい拷問を受け、縛られたまま死を待っているだけの彼を、同情から縄をほどいて助けたのがミイだった。このままここで殺されるよりはまし、と二人は村から逃亡する。

物語はインドシナ戦争期（一九四六－一九五四）に激戦地だった西北地方が舞台で、チョン・ラウが権勢をほしいままにしていたホンガイの地は、ギアロから南に直線距離で五〇キロくらいだが、歩いて三日はかかりそうなホアンリエンソン山脈の相当険しい山中にある。チョン・ラウら村役人は、盆地のタイ族の首領たち同様に、侵攻してきたフランス軍の手先となって横暴の限りを尽くし、土地の人を抑圧し困窮させていた。夫婦としてふるまうア・フウとミイはホンガイ出奔後も、フランス軍やその配下たちにひどい目にあわされる。

だが、いっぽうでベトミンのゲリラは紅河デルタから西北地方に潜入して地下工作を開始していた。フランス軍やその傀儡《かいらい》たちに対して反感をつのらせている住民たちを味方につけ、蜂起を繰り返し解放区を拡大しつつあった。物語の最後で、ア・フウも彼らに共感し活動に身を投じる決意をする。そういえば、ヒロインといっしょに巨悪と闘いながら新天地を求めて冒険する点も、『未来少年コナン』に似ている。

この『ア・フウ夫婦物語』はトー・ホアイ（一九二〇-二〇一四）による『西北地方物語』三部作の一つで、刊行の翌一九五四年に文芸一等賞を獲得した。ベトミンの工作員として西北部に潜入し、現地タイ語やモン語を習得して山間部を遍歴した経験に基づくこれらは、ひとことで言えば、残留日本兵も参加して闘ったインドシナ戦争期のプロパガンダ小説だ。フランス軍と現地の手下たちはどこまでもワルで、対するベトミンゲリラは良識ある優等生的「正義の味方」。搾取と圧政に耐えている現地の人たちは純粋けなげで、かつあわれに描かれている。

こうした型にはまった「キャラ分け」は差し引いて読むとして、作者の鋭い観察眼が、モンの新年行事、シャーマニズム、略奪婚といった民俗の描写に生かされていて、民族学的にもおもしろい。この隣人たちのエキゾチシズムに、たぶん山地少数民族の生活など想像もできない平地人のキン族は戦慄さえしたにちがいない。

少数民族イメージ

S氏が問うた。

「ア・フウの物語がベトナム人に広めたモンや少数民族のイメージって、どのようなものだったのでしょうか」

「まずは、おそろしく封建的かつ因習的だということ、つまり不平等で搾取に満ち、露骨に男尊女卑なうえ、迷信深くて非科学的というイメージだったのでしょう」と答え

モンは山頂近くに土間の家を建てて住む
（2007年　ディエンビエン省）

てから、

「共産主義者らにとって、封建的とは悪そのものでした。首領、地主、役人らは貧しい善良な民を抑圧し、搾取によって財と権力のみならず、美女まで独占し、怠惰にアヘンを吸って快楽に溺れて遊んでいるのだからどうしようもない……。いやはや、そのだらけ具合たるやうらやましい」と笑って小休止。

「いっぽうで、大多数の人たちは自然相手の過酷な労働環境のなか、汗とホコリにまみれ不衛生で貧しい生活を余儀なくされている。しかし、教育がないのでだまされているとも気づかず、能天気に歌って踊っている……。少数民族とはそんなイメージだったのでしょう」

S氏は続けて尋ねた。

「でも、フランスを追っ払うと社会主義化し、首領も地主もいなくなりました。すると……」

「そうなんですよ。モン社会から搾取しまくっていたワルがいなくなっちゃった。しかし、そのあと、搾取から解放された幸せな人たちへと少数民族のイメージも変わったのかというと、そうではなかった。かわいそうな人たちは、やっぱりかわいそうな人たちのままでした。

いじめられてかわいそう、ではなくなったかもしれませんが、遅れていて未開だという見方は変わりませんでした。

でもいっぽうで、女の子は明るく純粋でかわいくて、しかも快楽主義的で性にも奔放という、オジさんたちが幻想を抱くような山中異界のイメージも強くなりました。キン族が、自分たちの息苦しい社会を反転させたイメージを投影したのでしょうね。

しかし、ベトナムがそれなりに経済発展し、都会の人が余暇を楽しむようになった二〇〇〇年くらいから、ちょっと変わってきました。それは外国人旅行者たちの影響もあります。

というのは、だいたいベトナムはタイなどとちがって観光のリピーターが少なかった。ハロン湾でも、フエでも、ダナンでも、タイのリゾート地などに比べると割高でしたし、物売りはしつこくてぼったくるし、交通はめちゃくちゃだし、人が多くてどこもかしこもうるさくてくつろげない。ですから、観光客の満足度は高くなかったのです。

これに対して、サパやマイチャウのような、古くに開発された山間部のエスニック観光の土地は、以前から外国人に人気があり、リピーターもいた。自然豊かで静かだし、人の物腰も柔らかですからね。

二〇〇〇年をすぎると、経済発展と国際化のなかでベトナム人の価値観も変わり、「科学」こそがありがたく、「自然」は劣るという考え方も変わってきました。自分たちが憧れる先進国の外国人たちが民族観光を楽しんでいるのを見るにつけ、少数民族の文化についても、未開なものとしてバカにしなくなったのです」

山中異界の住民

歴史を遡ると、キン族にとって山はずっと異界だった。

紅河デルタを占めたキン族は、十世紀以降ひたすら海岸部のせまい平野を南へ南へと進み、南北に長い海岸線をもつのに海を怖れ、海に出なかった。日本人なら漁港にしそうな小さな入り江を、キン族は埋め立ててそこに田んぼをつくり、池を掘ってコイやソウギョなどの川魚を養殖して食う。

他方、山に対してはもっと強烈な恐怖があった。社会主義体制下での迷信異端に対する排斥と宗教活動の強い規制にもめげずに生き残り、近年ますます盛況のレンドンというシャーマニズム儀礼でも、ムオンの女性が着る民族衣装に似た装束で演じられる山の精霊は、もっとも神威の強いカミさまだ。

わたしはこんなことを思い出した。

「黒タイの村に行きはじめたころ、ハノイの人などがよく、ぼくに言いました。「まじないにかかって、山から戻って来れなくなるよ」って。どういうことかというと、山地の少数民族の村などに滞在した人が、「もう山から帰りたくない」と言いはじめたり、戻ってきたらふぬけになっていて、いつも山の世界をなつかしんでいる、なんてことがよくあります。それはまじないにかかっちゃってるからなんです。山の人たちってのは、巧みにそういう術をかけるんだ、と。割と真顔で言っていました。その観点からすると、ぼくなんか完全にやられちゃってます」

S氏が笑って返した。

「外国人旅行者たちも、多くがやられちゃってるんですね」

「そういうことでしょう。でも、そのおかげでベトナムにたくさん外貨が落ちるから、政府はまじない大歓迎のはずですよ」

わたしたちはいっしょに笑った。

ちょっと注意を要するのは、キン族が山地民としてイメージするのは、主にムオン、白タイ、黒タイなどだ。どの民族も、たしかにキン族から見ると山の方に住んでいる。しかし盆地や谷間を灌漑して水田をつくり、天秤棒を担いで歩いているのはやはり平地に適応しているからであって、山人《やまびと》の姿ではない。その意味で、険しい山の上の方に村をつくり、斜面を広範囲に焼いて畑にし、家畜を放しているモンこそ、まさに山人、山岳民だ。

このモンに対するベトナムでのイメージは、メディアでの描かれ方のせいもあり少々偏ってきた。そのイメージとは、インフラが整備されず教育も行き届いていない山奥で孤立して暮らす、文明との接触が薄いケシ栽培者、というものだ。かつてテレビのニュース番組でも、モンの隠し畑が摘発され公安にケシを処分される映像がよく流れていたものだ。モンはこっそりケシを栽培し、あるいは道なき山中の国境を越えてラオス側からアヘンやヘロインなど違法薬物を運んでくる悪役だった。

もちろん裏社会の末端の仲買人が、モンのところに違法薬物やその材料を買いつけに都市から出向くのであって、モンだけを悪者にするのは不公平だし、不条理だ。いっぽうでモンにはベトナム戦争中に反共ゲリラとしてアメリカに味方して闘った者も多いし、またベトナム語が話せない人も多く、ベトナム国民化が遅れている民族だ。モン社会に介入する口実を得るために、彼らを悪者にしておいた方が政府にとって都合がよかったのだろう。

余談だが、二〇〇〇年代はじめのある日、白タイの村に住む公安の友人の家に招かれ訪ねると、たまたま彼がモンの隠し畑のケシを処分する任務を終えて戻ってきたところだった。押収後に残ったケシの茎の部分を少し持ち帰っていて、その夜、炒めてごちそうしてくれた。みずみずしくおいしかった。

カウファー展望台

ムーカンチャイに多く住むモンの話からはじめたが、ムーカンチャイにたどり着くまでの道中、ザーホイとトゥーレという町がそれぞれ盆地のなかにある。ザーホイにはザオ（中国では瑶《ヤオ》族に分類）が多く、トゥーレには白タイが多い。

この険しい山のなかの道を一九六〇年代に整備したのは中国の工兵らだ。トゥーレにその慰霊碑も残っているから事故や病気で命を落とした者も多かったのだろう。はじめて訪ねたのは二〇〇〇年正月だ。ひどい砂利道を福田さんとムーカンチャイから四時間以上かかってバイクで下りてきたときのトゥーレは、市場に隣接して個人商店がいくつか並ぶ程度の町でしかなかった。

そのときわたしたちは、地元の白タイ家族が経営している小さな食堂で昼食をとった。ギアロ付近でももっとも米がおいしいとされる土地だけあって、米も食事もおいしかった。いちばん覚えているのは、店を手伝う二十歳くらいの娘さんとしゃべったことだ。

彼女は快活で話し好きで、日本のことにも興味津々だった。わたしが黒タイ語でも話しかけると、

「日本にもタイ語が話せる人がいるのか」と不思議そうに尋ねた。

「いるとも」と、軽い冗談のつもりで答えた。すると、

「じゃあ、わたしも日本に行きたい」と目を輝かせ、今すぐにでも旅支度をしてわれわれのバイクにしがみついてきそうな勢いだったので、少しうろたえ、逃げるようにトゥーレを後にした。

そのころのトゥーレは、大雨でも降ればたちまち交通が遮断され、孤立してしまう隠れ里として存在する美しい「くに」だった。

今のトゥーレには国道沿いのカウファー峠に展望台が築かれ、ドライブインもできてにぎわっている。

ドライブインのテラスから険しい山の懐に抱かれた盆地を見下ろし、風の音を聞い

ていると、民族衣装をまとった山仕事帰りらしいモンの女性が一人、同じように静かに景色に見入っていた。

S氏は機嫌良く道端をうろつき、植え込みの雑草のなかに、まだ花をつけていない野生スミレをめざとく見つけ出した。そして「ハノイからここまでスミレはなかったのに」と、感動して見せてくれた。

タイ族の悲しみ

ギアロからムーカンチャイを経てトゥアンザオへと抜けるわれわれの行程には、トゥーレのみならず、トー・ホアイの『西北地方物語』に登場する土地がいくつもある。翌日トゥアンザオに向かう途中に通過することになるダー河に近いムオン・ゾンも、そのうちの一つだ。

『西北地方物語』の一篇「ムオン・ジョン物語」(ムオン・ジョンはムオン・ゾンのこと)にこんな伝説が紹介されている。

むかしむかし、イエンチャウに美しい乙女がいた。香《かぐわ》しい黒髪はとりわけ美しく、村中の若者が彼女に恋をした。ある日、彼女が露台で髪をとかしていると、一羽の大きなワシが舞い降りて彼女をさらった。若者たちが追い弓を射たが、届かぬ大空へと舞い上がり去った。残ったのは、空の高いところから彼女が裂いて落とした上着の切れ端だけだった。ワシはギアロにある山の岩穴のねぐらに戻り、彼女を妻にした。彼女は故郷を恋しがり、死ぬまで岩穴の口で虚空を見つめていた。★1

ワシはフランス軍、イエンチャウの乙女は蹂躙された現地タイ族、若者たちはフランスに抗戦する人たちのたとえだろう。ワシのねぐらがあったのがギアロなのは当時そこに、戦闘機も離着陸できる仏軍基地があったからだ。

だが、民族という共同体がそれぞれ一枚岩であるはずがない。その共同体内部の「つながり」も共同体外

ムオン・ゾン付近の谷間に暮らす
白タイの村落景観（2008年）

部との「つながり」に共振し、つねに緊張をはらんでいる。だから、実はトー・ホアイが工作員としてムオン・ゾンあたりで活動していた一九五〇年前後も、黒タイや白タイの首領のなかにフランス側についた者と、ベトミン側についた者がいた。

たとえばわたしの恩師カム・チョン先生の伯父カム・ズンや実父カム・ビンらマイソンの黒タイ首領一族はベトミン側についた。いっぽう、翌日われわれが立ち寄るトゥアンザオを当時支配していた同じ黒タイのバック・カム家はフランス側についた。このバック・カム家は、ファディン峠を隔てて東側のトゥアンチャウを支配していたバック・カム家の分家筋で、本家側もフランス側についたのだった。

だが最初はバック・カム家も、ベトミン側に味方していた。しかし、トゥアンチャウ最後の首領バック・カム・クイがフランス側に寝返ったのだ。一九四六年に起こった親族二人の変死事件が、ベトミンによる犯行と考えられたのがそのきっかけだった。

結局、バック・カム・クイはトゥアンチャウがベトミン支配下におかれた一九五二年に、ハノイ経由でフランスに逃げた。カム・チョン先生がその側近たちから後年伝え聞いたという話では、彼は銃声を聞いただけで震え上がるほどの臆病者だったが、人柄がよくて地元の人に愛された殿様だったそうだ。

トゥアンザオ最後の首領の息子は、フランス語が堪能だった。ディエンビエンフーの戦いのときフランス司令官ド・カストリ将軍らの通訳として、陥落してベトミンに投降するまで仏軍と行動を共にした。拘留後、社会主義の再教育を受けたのち釈放された。

仏軍に従いディエンビエンフーの要塞へと移動する前に家族をフランスに送り出していたから、村にもどった彼には家も財産もなく、身一つだけだった。数少ない親族に助けられ、家族のいないひとりぼっちの農夫になった。


はじめて彼を訪ねたのは一九九七年のことだ。

小さな高床式家屋の露台に、田舎の市場ではとても手に入りそうにない質のよい垢抜けたセーターを羽織った端正な顔立ちの老紳士が、丸い籐《とう》椅子を置いて腰かけている。遠目にもただ者ではない！　あらかじめわたしの来訪を知っていた彼はわたしの姿を認めると、片手をあげ声を出した。

「ボンジュール・ムシュー！」

その日は朝から夕方までその家で、彼の親族らと食事をごちそうになり、したたま酒を飲んだ。フランス語、ベトナム語、黒タイ語交じりだったが、彼がフランス語もよく使ったのはお目付役の村長と公安が同席だったせいもあろう。二人はフランス語がわからないからだ。

完全に酔っ払っていたわたしは、ヘタなフランス語を絞り出し、調子に乗ってこんなことを言った。

「ディエンビエンフーの戦いのとき、黒タイがみんなフランス側についていればフランスは勝ちましたよね。トゥアンザオもトゥアンチャウもバック・カム家はフランス側についたのに、なんで平民たちの多くはベトミン側についちゃったんでしょうか」

彼は思慮深い表情でしばらく間を置いてから、ひとことひとこと、言い聞かせるように丁寧に言った。

「わたしはフランスに従うしかなかった。ベトミンに従うしかなかった人はベトミンに従った。ただそれだけのことだよ」

四十年以上彼の心のなかに去来し、自分に言い聞かせてきたことばだったのかもしれない。

苦しみぬいたその重みを、平和ボケの日本でぬくぬくと甘ったれて生きてきたわたしに受け止められるはずがない。恥ずかしくて酔いの冷める思いだった。

11月26日(火)　22:15

ディエンビエンフー

朝六時起床。軽くフォーを食べると車で出発した。通りすがりに出会ったモンのお宅を電撃訪問した。そのあと何時間も車で走って峠をいくつも越え、二〇〇二年に着工したダム建設の副産物としてできたダー河にかかる大きな橋を渡り、パック・ウォンの三叉路で昼食をとった。トゥアンサオに着いたのは四時。

6

行ったり来たり、精霊たち

トタン屋根の高床
★クインニャイの町はダムの水面下に水没し、町ごともっと下流部に移転。
ムーカンチャイ～トゥアンザオ
★ソンラーダム建設が完了して巨大湖ができあがり、養魚が盛ん。
ライチャウ
★この279号線が完成する前の2007年、道なき谷でタンさんの車で遭難。車は大破!
パックウオン
12時すぎ
三叉路地点にあるレストランで食事。
ファディン峠
国道6号線
ソンラ
トゥアンザオ
13:30～15:00
★トゥアンザオには思い出がありすぎて書ききれない。

Tuần Giáo tỉnh Điện Biên

ベトナムの朝は早い。一番鶏が鳴き、あたりが白み、家畜小屋がなかからざわつきはじめるころには人も活動をはじめている。六時にフォーを食べに出た。食後、朝靄のなかをそぞろ歩いていると、「おや!」。おそろしく早口で高く鋭い鳥の歌声……。橋の上から細い谷川に目をやると、湿った渓石の上に、せわしないようすの褐色の小鳥がいた。やっぱりミソサザイだ。日本の渓谷で目にする日本最小の鳥だが、ベトナム北部の渓谷にもいるとは知らなかった。

この日の行程は、トゥアンザオを経てディエンビエンフーまでと距離も長い。七時にわれわれはゲストハウスをチェックアウトして出発した。

とおりすがりにモンの村に寄った。一軒の家の前に主人らしい若い男が立ち、人なつこい笑顔をこちらに向けている。これもなにかの縁とばかり、

「家んなか、見せて」とねだったら、予想どおりあっさりＯＫしてくれた。

モンの土間の家

家のなかのようすを語る前に、Ｓ氏に話した、家屋に関する話を紹介しよう。

黒タイや白タイの家は高床だが、モンは土間の家に住んでいる。低地に住む民族の

ファディン峠の頂上近くにあるモンの村の家
（2012年　ベトナム、ディエンビエン省）

家はたいがい高床で、高地民の家は土間だ。それは防虫の観点から説明できるともいう。

低地の水たまりにはデング熱を媒介する蚊が、流れのあるところにはマラリアを媒介する蚊が多く発生する。だが、蚊が自力で飛翔できる高さはしれている。だから家の床を高くすれば高くするだけ蚊の侵入を防ぐことができる。低地民が家を高床にするのはそういうわけだ。いっぽう、山の尾根近くに村をつくるモンなど高地民は、そもそも家の周囲に蚊が繁殖できる沢も湿地も少ないから土間でいい。

もっとも、文化とはとかく不合理なものだ。機能だけですべて説明できるという文化理論はだいたい怪しいから、蚊と住まいの関係にしても、調べれば調べるだけ複雑にちがいない。

うんちくはこれくらいにしておいて、さっさとモンのお宅を拝見しよう。

若い主人が、切妻の母屋に入る板扉を観音開きに開いてくれている。ほとんど窓のない家のなかは暗い。まっ正面むこうの板壁に、切り紙などが貼られている。祖先や精霊を祀る祭祀をそこで行う。そこにある紙に文字は書かれていない。これこそがモンなのだ。

中国にモンは人口第四の少数民族、苗族《ミャオ》として九百万人も住んでいる。清朝の弾圧により中国南部から南下してベトナムへと大移動したのは、主に十九世紀以降だ。さらにラオス、タイにもまたたくまに拡散した。

中国からの難民モンにとって、祭祀空間に文字も図像もないこと自体が、強烈な反抗の表現なのかもしれない。自分たちを迫害した漢族の文化的シンボルに他ならない漢字を拒絶、いや、文字そのものまでも拒絶しようかという、怨念にさえ似た強い意志をそこに感じるのだ。

おもしろいことに、乾季にモンは村でよく紙をすいている。だが、その紙は字を書くためのものではない。お尻をふいてもいけない。祖先やカミを祀る場をしつらえ、依り代をつくるためのものなのだ。

天井を見あげると、一面におびただしい数のトウモロコシ。黄色というより、つやのいい柿色をした細長い突起がぎっしりと、尖端をこちらに向けてぶら下がっている

竹紙づくりの作業をしているモンの女性
（2012年　ソンラー省モクチャウ県）

のはどこか妖しく、落ち着かない気分にさせる。

モンは焼畑でトウモロコシをつくりまくっている。自分たちが食べるためでもあるが、ブタなど家畜のエサにするためも大きい。いっぽうでトウモロコシの蒸留酒は有名だ。その酒はしばしば四十度以上と強く、火がつくほどのものもある。わたしの経験ではモンの酒豪はとんでもない。

主食は米で、タイ族のようにモチ米をおこわにして食べるのではなく、うるちを炊いて碗《わん》で食べる。その米はくすんだピンク色をしていて柔らかい。ハトムギ、ソバ、アワなど雑穀類も栽培する。

クリント・イーストウッドとモン

モンというと、亜熱帯とはいえ冬は氷も張るような雲上の森を拓いて畑をつくり、家畜を飼い、森のめぐみを得、歯を食いしばってひっそりとわび住まいしてきた自給自足の人々、として、ついイメージしたくなる。たぶんそれは正しくない。

清朝に対して不服従を貫いて徹底抗戦の姿勢を崩さなかったのは、独自の流通交易ネットワークに基づく経済基盤があったからで、ことにアヘン戦争（一八四〇－一八四二）

以降は、ケシ栽培とその販売が大きな収入源だった。

このモンとケシ栽培の結びつきは現在にいたるまで形を変えながら続いている。のみならず、技術やモノの交換をとおして近隣の諸民族とも強い「つながり」があった。モンは鍛冶にすぐれているし、また高地で育てるスイギュウ、ブタなどの家畜が平地民とのあいだで高値で取引されるからだ。

つまりモンは山中の交易者だ。だからこそ、たとえばサパのような観光地などで、ベトナム語はできなくとも英語やフランス語を操り、外国人観光客相手にエスニック雑貨などを売る辻商人に、容易に転じることができたのだ。


そんなモンが、一九六〇年代にまで遡るとケネディ政権下でCIAの工作により、反共ゲリラとしてベトナムとラオスでの戦争に、たくさん動員された。国家にまつろっていないうえ、山中を縦横無碍に移動できる機動性も、アメリカにとって「使える」と期待されたからだ。

「クリント・イーストウッドの映画に、アメリカのモン難民の話ありましたよね」

S氏に尋ねると、即答してくれた。

「『グラン・トリノ』です」

大国の利害のぶつかり合いのために、インドシナは二十世紀の半分以上ものあいだ戦場だった。モンはそれに翻弄されて離散した。そのことを取り上げたルポルタージュ『モンの悲劇』★1は日本でも話題になった。

ちょうどその本が刊行された一九九九年のアメリカ国内に、かつて反共ゲリラとしてベトナム、ラオスで闘ったモンとその家族が十六万人もいた。うち三分の一がアメリカ生まれだ。なかにはモン語もベトナム語も知らず、アメリカとモン双方の文化から疎外されている人たちも多い。★2そんなモン移民たちの苦悩と困難を、正面から描いたのが映画『グラン・トリノ』（監督・主演：クリント・イーストウッド、二〇〇八年）だった。

歴史をひもとけば、モンは何度も強固な民族アイデンティティを示して時の支配者たちに激しく抵抗している。代表的なのが「パー・チャイの叛乱」（一九一八―一九二二）で、ベトナムからラオスにかけての広い地域を、三年にもわたって混乱に陥れた。指導者パー・チャイは「モンの王国」建設を目指し、フランス植民地政権とタイ族の首領たちの収奪に抵抗してディエンビエンなどで蜂起したのだった。★3実はこの種のモン独自の救世思想に基づく王国建設運動は、二十一世紀に入ってもベトナム西北部からラオス北部あたりで発生し、そのたびに軍隊が出動して秘密裏に鎮圧されたとウワサされている。

そんなモンとアメリカのつながりは二十世紀半ばに遡る。

一九五三年にフランスから独立したものの、その後政情不安が続いたラオスでは、共産圏の中国と北ベトナムを後ろ盾にした左派「パテト・ラオ」と、王室を擁する右派との対立から、ついに一九六一年、内戦へと発展した。

これに介入したのがアメリカのケネディ政権だ。ＣＩＡが資金を供与してラオスでワン・パオを将軍とするモンの秘密軍隊を結成させ、彼らにいわゆる「ベトコン」やパテト・ラオの軍と地上で闘わせた。しかし、一九七三年にアメリカがベトナムから撤退したのち、彼らは後ろ盾を失って孤立し、ベトナムとラオスで追い討ちにあって退路も断たれた。さらに一九七五年を境に両国が共産主義国化すると、大量のモン難民がタイ国へ流出したのだった。このラオス内戦およびベトナム戦争で、二十万人のモンが死んだともいわれる。★4

旅の話にもどろう。

モンのお宅のなかは拝見できたものの、主《あるじ》たち若夫婦はベトナム語がほとんどできなかった。少数民族のなかでもモンはとくに学校に行かない子が多いのだが、町の中心部はすぐそこだし、国道沿いにある村なので意外だった。

家や暮らしのことについてほとんどなにも聞けなかったことを残念がっていると、S氏がうまくまとめてくれた。

「そうやってモンは沈黙してきたのですね」

われわれはムーカンチャイをあとにした。

西北部大改造

二〇〇〇年代はダー河の巨大ダム建設に伴い、西北部のインフラ整備が徹底的に進んだ。大型トレーラーがすれちがうことができる広さに国道という国道がつくりなおされ、労働者たちの居住地区があちこちにでき、人と物資が外部から大量にやってきた。町ごとの移転もあったから地域経済は沸いた。いっぽうで、広大な土地が湖底に沈み十万人もの人が立ち退いた。その多くがタイ族だから、これまた先に書いた、タイ族の共同体を破壊するとどめの一撃にもなった（第四話参照）。

そんな大改造を経た山国の景観が車の窓の外にある。巨大なコンクリートの橋の上から湖面を見下ろすかたちで、急流ダー河をあっさりわたる。トゥアンザオはまだ高い山のむこうだ。

遡ると、西北部における大規模な道路整備は一九二〇年代にはじまった。フランス植民地時代に自動車が通行できる道路が建設された。これが、いわば西北部大改造の最初だった。

フランスがつくったその道を使って、トゥアンザオにはじめて自動車がやってきたのは西暦何年のことだろうか。はじめて見る自動車を地元の人たちが目を丸くして見た年、ある村で一人の女の子が生まれた。だから日本語でいう「クルマ（車）」と名づけられた。時が流れ、彼女はいつしか村の最長老になっていた。クルマ婆は、わたしが二十年以上世話になってきた黒タイの村の家族の、言ってみれば母《かあ》さんだ。儀礼や呪術に通じ、産婆もこなす。

この旅で、S氏を道連れにしてトゥアンザオに立ち寄ることにしたのは、彼女に関して一つの悔いがあったからだ。

三月にもわたしは村を訪ねていた。クルマ婆はそのときすでに体調を崩し、食事も喉をとおらないほど衰弱し、町の病院に入院していた。「高齢だし、たぶんもうムリだろうよ」という、こういう場合に村でよく耳にする諦めのいい家族のことばに促され、すぐに病院まで見舞いに行った。

出発の朝、わたしは一時間以上も時間をもてあましていた。にもかかわらず、最後にもう一度彼女に会っておこう、と思いつかなかった。だが、ハノイに向かう車がファディン峠の急坂を上りきり、わたしがいつものように名残惜しくトゥアンザオのブット山を見返ったとき、クルマ婆をふと思い出した。すると急に、去る前にもう一度会いに行かなかったことへの後悔がフツフツと湧いてきた。だからこの旅では、彼女を弔う線香を供えに行こうと決めていたのだ。

百歳の長老

八ヶ月ぶりに訪ねて驚いた。なんとクルマ婆は生きていた。

最古老のおそるべき体力、そして精神力！　さすがに自力で立ち上がることはできず、寝床にからだを横たえていたが、ことばも意識もはっきりしている。わ

当時のブット山の景観。今は電線だらけになり、道路沿いに建物もたてこんでいる（1997年　トゥアンザオ）

たしは再会をよろこび、かたわらに座って手を握り、痩せた腕や肩をさすった。このスキンシップが村で病人を見舞う普通の作法だ。

家の壁に、役所から贈呈された百歳を敬老する立派な祝賀の額が飾られていた。ん……ホンマか⁉

十年も前に亡くなった夫チュア氏の生年が一九二五年。たぶんこれはまちがいない。もし彼が生きていたとしても百歳に達していない。数えで九十五歳だ。クルマ婆の生年は不明だが、一九九七年にチュア氏から六つくらい年下と聞いた。

ハノイからトゥアンザオを経由するライチャウまでの約五〇〇キロの道路が全線開通したのは一九三三年だった。西北部での道路工事開始まで遡ったとしても一九二七年。★5 ということは、トゥアンザオにはじめて自動車がきたのは八六から九二年前なので、クルマ婆もせいぜい九十歳だろう。

そのことは村の人たちもみなわかっている。問題は、なのになぜ彼女が百歳ということになったかだ。

ベトナムでは七十歳から十歳ごとに祝い状と記念品が贈られ、百歳を迎えると国から約六千円の祝い金も贈られる。たぶん理由はそれだ。

村か親族かのあいだで入り用があり、クルマ婆百歳のお祝いのお金で補うことになったのではないか。ある家族だけが得するようなウソの申請を、他の村の人が黙って許すとは思えない。それに、そんな村のなかでの評判を落とすにちがいないズルを、わざわざするような家族ではないからだ。だが、その真相は確認していない。

晩年のノート

クルマ婆の話に踏み込む前に、夫チュア氏のことも書いておこう。

彼は貴族ではないが、スイギュウを十五頭も所有する裕福な家の生まれだった。スイギュウは田んぼを耕すのに不可欠な家畜なので、今でいえば資産価値の高い機械を十五台所有し、しかもそのレンタル料で安定収入が保証されているようなものだ。

彼はフランスがつくった町の小学校に通い、フランス兵の駐屯地に奉公にいったこともある。走り高跳びで地元の競技会に出て表彰されたとも聞いた。

もちろんフランス撤退後は社会主義化にともなって、土地も資産も国に召し上げられ、一家は平等に平均化された、村の一農家となった。しかし彼は小学校に通ったことがあってベトナム語ができたし、黒タイ語の読み書きまで親から教わっていたから、一九五五年に設置された民族自治区にトゥアンザオが編入されると、一時期はベトナム語と黒タイ語を教える小学校の教員もした。当時、西北部に読み書きできる人が少なく、教員不足に困っていたのだ。

わたしが知るチュア氏は、家の周囲に植えたロブスター種のコーヒーの木を大事に世話していた。実がなると自分で摘んで処理して焙煎し、手杵《てぎね》と手臼《てうす》で搗《つ》いて粉にした。昼下がりや夕飯後のくつろいだ時間には、その正真正銘の完全自家製コーヒーをかならずふるまってくれた。最大限のサービスで、たっぷりの砂糖とともに！

ロブスター種はアラビカ種とちがい、ドロ臭くてまずいというのが一般的評価だが、彼がいれてくれるコーヒーはおいしかった。村には同じような自家製コーヒーをいれる人が他にもいたが、彼のが格別おいしかった。カゴづくりでもなんでも器用にこなし、服装にもシャレっ気があって、話にユーモアを交えるセンスのいい人だったので、コーヒーもきっと小ワザがきいていたのだろう。

彼が亡くなったあと、同居の三男が一冊のノートを示した。

「オヤジがこんなものを書き残していたよ」

きれいとはいえないが、なじみのある大きな字ではっきり書き綴られているのは、祈禱の祝詞《のりと》だ。彼はよそのお宅に祖先への祈禱を頼まれるほどの祈禱師でもあった。

三男は黒タイ語の読み書きができない。

「祈禱文ですね」とわたしは伝えた。

「らしいな。まちがいも多いらしい」

たしかに誤字がちらほらある。

「それにしても、なんでこれを書いてたんでしょうね」と疑問を口にすると、「さあ、わからん」と言いたげな沈黙のあと、

「マサオがいつもノートになんか書きつけてるから、父さんも真似したんじゃないの」と、声をたてず頰に皺を寄せて笑った。

写真に撮らせてもらいながら思った。もしかするとわたしへの贈り物だったのかもしれない。

魔女の貫禄

さて、クルマ婆の話だ。

チュア氏の残したノート（2010年）

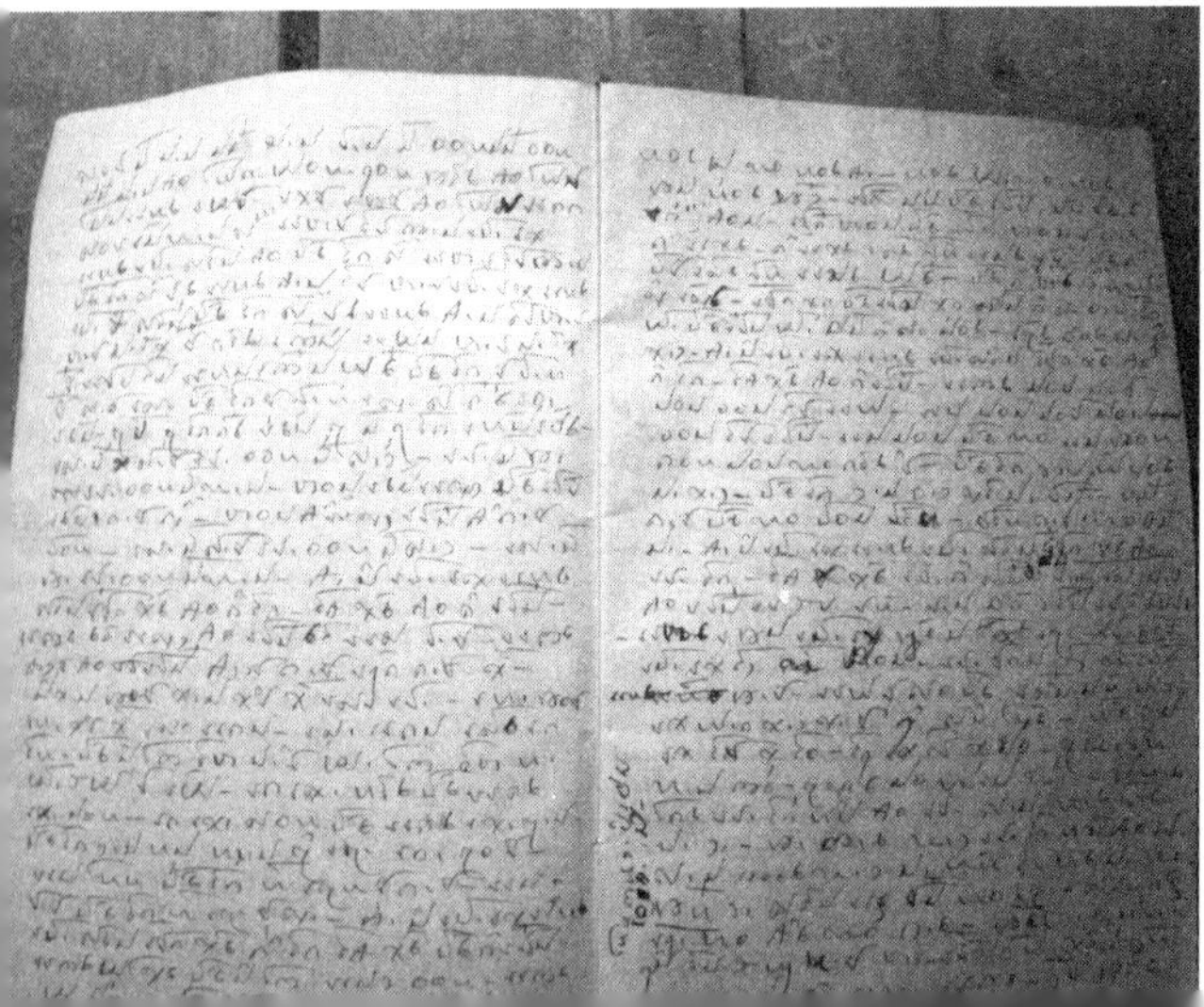

宗教者としてはクルマ婆の方がチュア氏より筋金入りだ。定まった形式で定まった文句を唱える祈禱だけでなく、山で採った薬草を煎じて薬も処方するし、精霊たちと交信し交渉して力を借りる呪術も駆使する。口のすき間から見えるお歯黒、深い皺のあいだに隠れたつぶらな瞳、結いあげた灰色の蓬髪《ほうはつ》という風貌は貫禄十分。愛と尊敬をこめて魔女とよんでいい。黒魔術にも通じているとウワサされるほどなのだ。

思えば、クルマ婆とチュア氏は不思議な夫婦だった。

クルマ婆は幼いころに父を亡くし、残された母と幼い妹一人との三人は親族たちを頼って小さくなって暮らさねばならず、教育も受けられなかった。そんな彼女と、村の草分けの一族として農民としては育ちがよかったチュア氏が、なぜ結ばれたのかわたしは知らない。激しい恋のロマンスがあったにちがいないと、勝手に想像していた。

ところがこんなことがあった。

一九九八年秋の収穫後、チュア氏は遠方の村から評判のよい男女の呪術師二人を招き寄せ、ヤギを殺して三日三晩にわたって盛大な儀礼を開催した。理由は、ある晩、夢のなかにあらわれた元カノが幸せそうじゃなかったからという。その元カノは、彼と別れたあとよその村で家庭を築いたものの、先に亡くなっていた。

あらま、そっちの方が大恋愛だったっぽいではないか！　少し面食らった。

儀礼の三日間、クルマ婆はチュア氏の昔の恋の思い出など気にとめないようすで、招かれた呪術師たちとふつうに接し、家族の一人として儀礼にも参加したのだった。

チュア氏ら夫婦は難しかったにちがいない。二人がケンカしているところは見たことがない。だが、そもそもあまりいっしょにいなかったのだ。

チュア氏はいつも家にいた。しかしクルマ婆は祈禱や呪術の依頼を受けては出かけていった。ときには何日も泊まりがけだった。村にいるときも、幼い孫の世話にかこつけては、貧しい息子と娘の家三軒を順ぐりに泊まり歩いていた。同居のヨメとの折り合いもよくはなかったためだろう。働き者のヨメが、いろり端で調理する手を休めることなく涙とともに小声でこぼす愚痴を、わたしはか細い歌声のように聞くこともあった。

クルマ婆は本当のクルマみたいに、今日はあっちへ、明日はこっちへ、とエンジンを吹かせていた。遠方から戻ったときは、かならず肉やら、おこわやら、なにかしらのお土産があるので、小さな低い食卓を出してみんなで分け合った。彼女は、旅で仕入れた珍しい話や、よその村での出来事を話してきかせる。こんなふうに土地に縛られている農民たちのあいだに、昔から宗教者は広い世間の情報をもたらしたのだろう。

儀礼をおこなう２人の呪術師。男性の呪術師が笛を吹き、
女性の呪術師が呪文を唱える（1998年　トゥアンザオ）

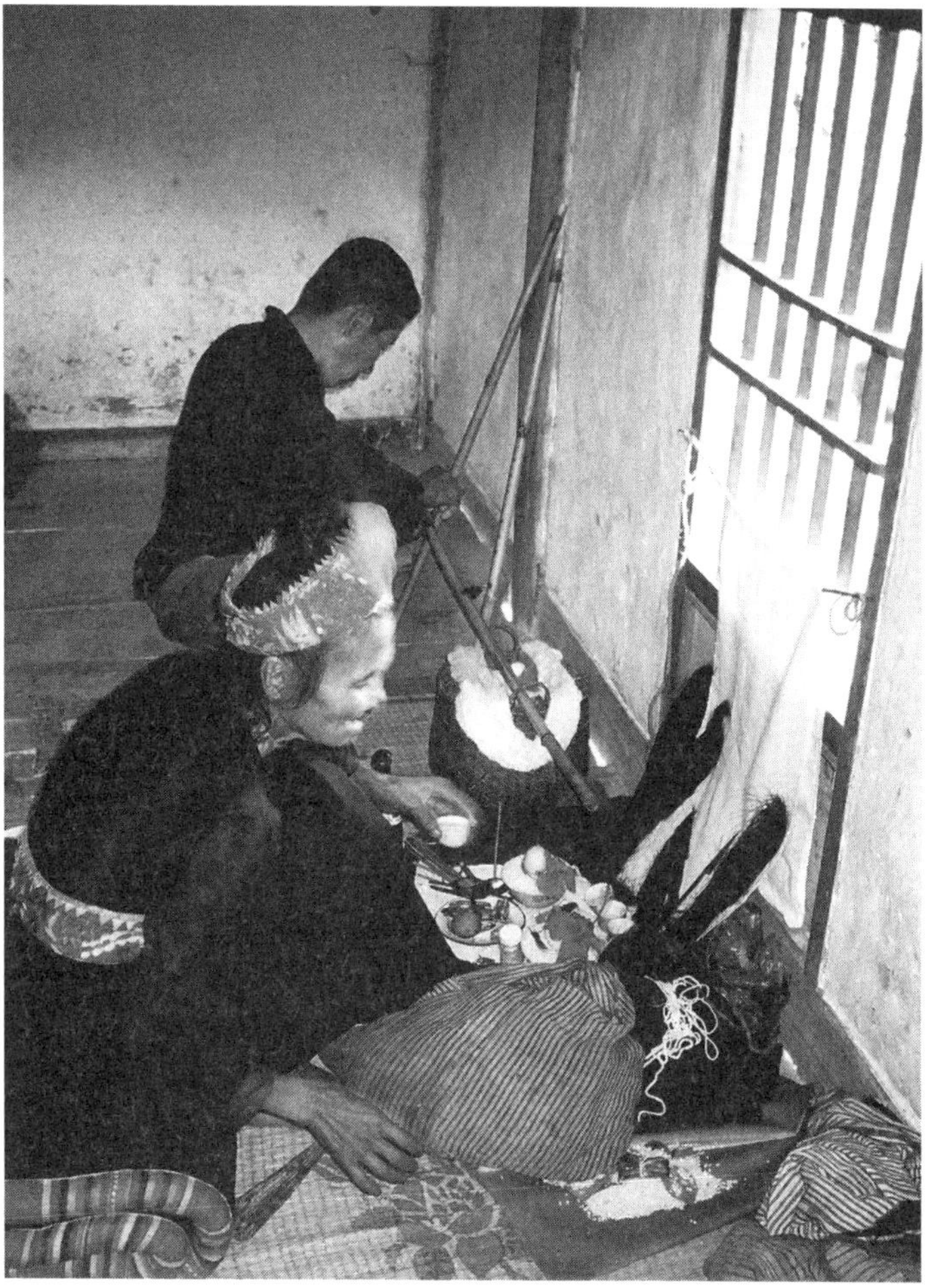

おしゃべりのいっぽうで、秘密厳守こそ呪術師に不可欠な条件だ。呪術師のところには心身の不調にかかわるありとあらゆる相談事がもちこまれる。インポの悩みは多いし、もちろん中絶、堕胎もある。個人的な悩みに付随して、家族、親族、村など共同体の秩序を揺さぶりかねないあらゆる問題がさらけ出される。それをバラしてしまうようでは、悪い魔法使いとして迫害されてしまうだろう。

黒タイの村の一つ一つは、地縁と血縁の「つながり」から成立する数百人程度の共同体だ。それぞれは自律していて、比較的閉じている。米や野菜などの食料はほぼ自給している世帯の集まりだし、結婚も同じ村か近隣の村の人同士が多いからだ。とはいえ祈禱、呪術、病気の治療、儀礼などを通じた、いわば「癒し」の交流は、婚姻や親族の「つながり」がない、距離的にも精神的にも遠い村とのあいだに新しい結びつきを生じさせうる。ふだん遠い村とのあいだで情報やモノを突発的に媒介するのがクルマ婆のような呪術師という存在だから、ちょっとトリックスター的でもあった。

魔法使いの弟子

クルマ婆はわたしの姿を認めると、

「息子よ！　かあさん、会いたかったぞ」と、遠くからでも呼び止め、小走りに寄ってくる。祝福のことばを繰り返しながら、わたしの手をぎゅっと握って密着する。もうほっぺたにくっつきそうなくらい顔を近づけると、ささやきに変わる。

「なあ、川のほとりに住んでる娘や孫たちのことよ。ホントたいへんだよ。田んぼはせまいし、孫らはちっちゃいし。ちょっと助けてやんないと。わかってるよね、おまえ」

こんなふうに娘や息子の家族の貧窮を順番にもち出して、援助をせびる。

「ぼく、オー・デー・アー（ＯＤＡ）じゃないんだけど」

「は？　いつもわかんないこと言ってるね。で、いくらくれんの？」

クルマ婆は、自分に都合の悪いことはいつもわからないか、聞こえない。抵抗むなしく魔術にはまってオー・デー・アーになりさがったカモを尻目に、むずかしい表情をしてブツブツつぶやきながらスタコラサッサ去っていく。

彼女はときどき山で薬草を摘んできていろりで煎じたり、搗いたりして薬の調合をしている。そんなとき、「それ、なんの葉っぱ？」「なんの薬つくってんの？」など尋ねても、無視だ。あるとき、反応してくれるまで繰り返してみた。

「は？　なに言ってんのかよく聞こえないねえ」

トボけられた。とにかく民間医療の細部を聞き出すのは難しい。

祈禱師は世襲されることが多い。村のなかで信頼されている家族のあいだで、自然ななりゆきで伝えられることが多いからだ。だが、クルマ婆が身につけているような呪術が、どのように伝えられるのかはさまざまだ。

クルマ婆は母から教わったと言ったが、「じゃあ、お母さんは誰から」と聞いたら、「知らない」

またトボけられたのかもしれない。

チュア氏が招いた女性呪術師は、森の精霊「フィー・パー」に森で遭い、呪具、呪文、呪力を授かったそうだ。フィー・パーの髪の毛も呪具の一つで、わたしも触らせてもらった。ずいぶんゴワゴワしていた。

トゥアンザオを発ったあと、S氏とこんな会話をした。

「弟子はいないから、もったいないですけど、彼女の呪術も薬草に関する知識もこれっきりです」

「あなたが弟子入りすればよかったのに」

「まさか！　魔女ってのは魔法なんか使わなくても手強いですよ」

「だからこそ、すごい力が身につけられるんじゃないですか」

「たしかに。それで魔神みたいになってたら、ぼくのまわりで何人かは謎の死をとげていたことでしょうね」

黒タイの村で一時間ばかり遊び、おこわと肉の燻製をもらってトゥアンザオをあとにした。ナーノイ村はゾム川ごしに国道から拝み。ディエンビエンフー着が6時。ホテルのレストランでの夕食に、おこわと肉の燻製ももちこんで食べた。食後はそぞろ歩いてスーパーに買い物。戻ったらもう10時。

のどがあまりに痛く咳も出て夜眠れなかったが、今日S氏から抗生物質や痛み止めなどを頂戴し、それでしのぐことにした。

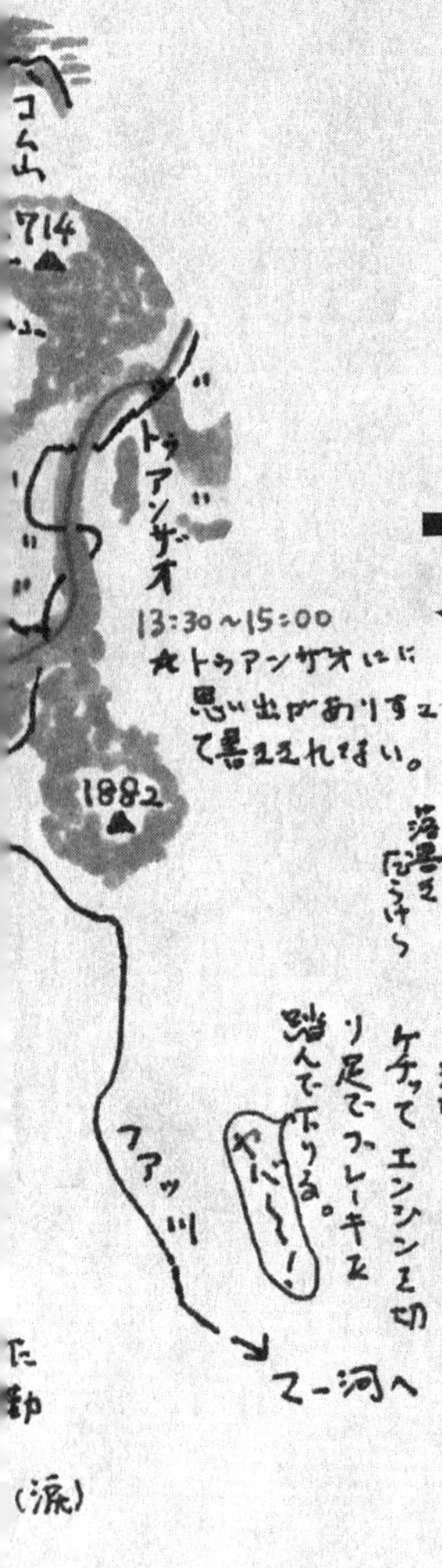

7

神話の里 ナーノイ村

bản Nà Nội xã Nà Nhạn

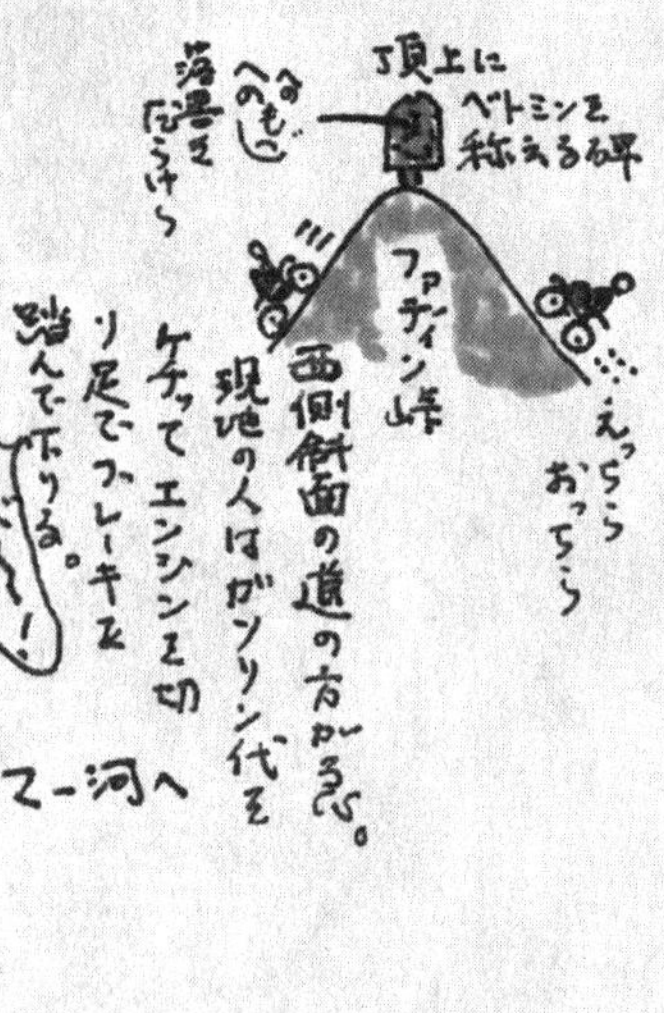

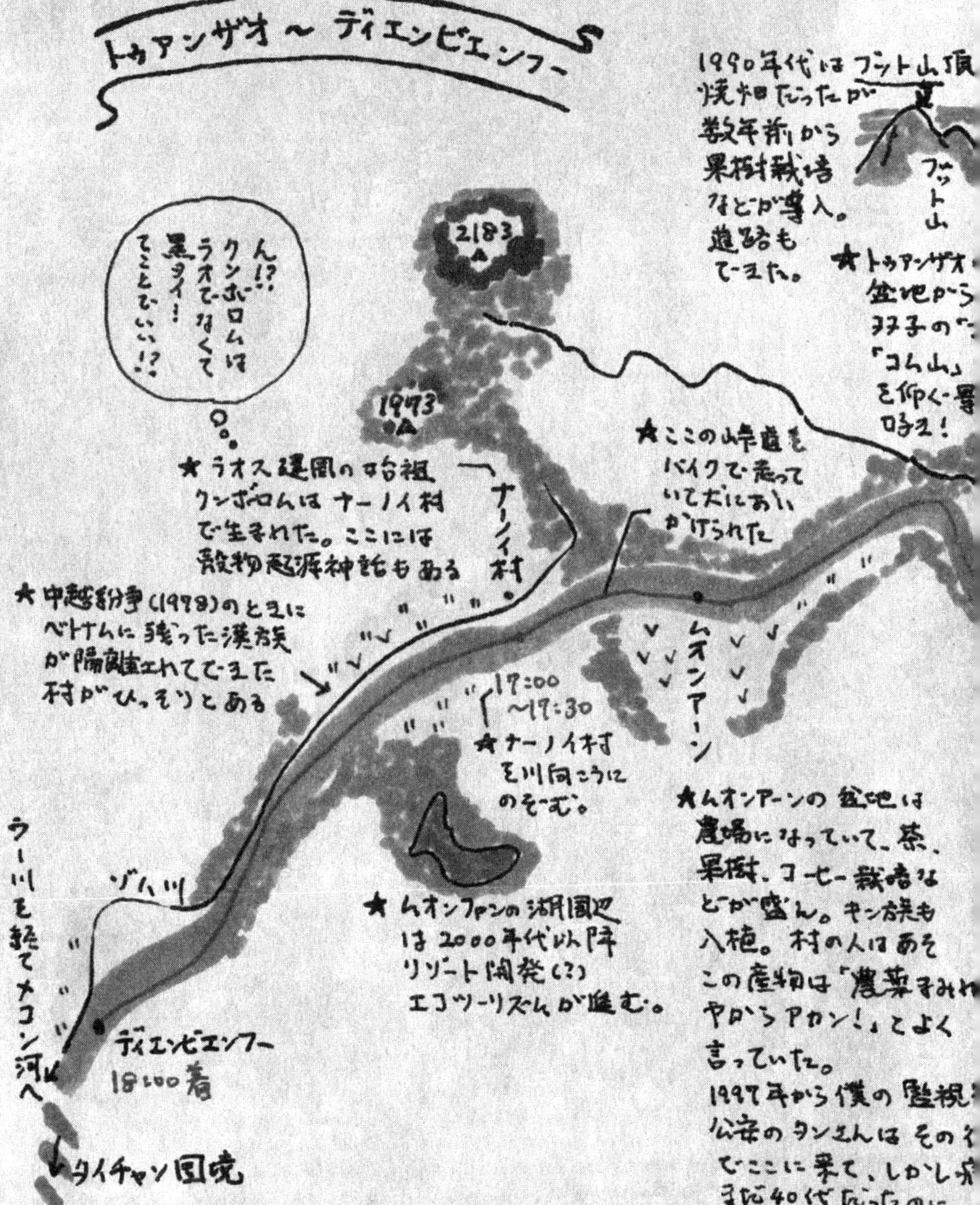
トゥアンザオ～ディエンビエンフー
1990年代はフット山頂 焼畑だったが 数年前から 果樹栽培 などが導入。 道路も できた。
フット山
★トゥアンザオ… 盆地から 双子の… 「コム山」 を仰ぐ…
2183
1973
ん!? クンボロムは ラオでなくて 黒タイ! てことでいい!?
★ラオス建国の始祖 クンボロムはナーノイ村で生まれた。ここには穀物起源神話もある
ナーノイ村
★ここの峠道をバイクで走っていて犬においかけられた
★中越紛争(1978)のときにベトナムに残った漢族が隔離されてできた村がひっそりとある
17:00～17:30
★ナーノイ村を川向こうにのぞむ。
ムオンアーン
★ムオンアーンの盆地は農場になっていて、茶、果樹、コーヒー栽培などが盛ん。キン族も入植。村の人はあそこの産物は「農薬まみれやからアカン!」とよく言っていた。
1997年から僕の監視… 公安のタンさんはその… でここに来て、しかし… まだ40代だったのに…
★ムオンファンの湖周辺は2000年代以降リゾート開発(?) エコツーリズムが進む。
ゾム川
ディエンビエンフー 18:00着
ウー川を経てメコン河へ
タイチャン国境

ひょうたんからなにが出る？

むかしむかし、地上に人はいなかった。

天帝は女神バウドゥクに人をつくらせ、巨大なひょうたんのなかに詰めて天から地上へと降ろした。

三月《みつき》のち、天帝は「地上のようすを見てくるように」と、臣下のクアン・コンを遣わした。

クアン・コンが地上に降りてみると、ひょうたんのなかにたくさん人がいて、銅鑼や太鼓を叩き、歌って、踊って、にぎやかだ。燃えさかる火であぶった鉄の棒先で、ひょうたんの皮を焼いて穴を開けてやると、穴のへりの焦げススがこびりついて頭も体も真っ黒にして、三十種族のサーが楽器を奏で、歌って踊りながら続々と這い出した。

ひょうたんのなかは、なおもにぎやか。まだまだたくさん人がいる。

「大勢いるんだから、もっと穴を大きくしてくれよ」

そんな彼らの注文に、「もっともだ！」と、クアン・コン。刀でひょうたんを割いて穴の口を大きく開いてやった。

すると五十種族のタイが、これまた歌って、踊って、楽しそうに、今度は焦げススをつけず、頭も体も白いまま歩いて出てきた。

ひょうたんは肚《はら》のなかの子をうんでしまうと、そのまま石になった。このひょうたん石がある場所にできたのが、「ひょうたん村」を意味するタウプン村だ。[★1]

　これがディエンビエンの黒タイが伝える人類の「はじまり」だ。この話は、地域の民族どうしの「つながり」のあり方をも物語っている。

　サーとは、黒タイにとって先住民たちをよぶことばで、モン・クメール語系、カダイ語系などのことばを話すたくさんの民族がそれに含まれる。ただし、サーは蔑称として使われることも多いから、サー（ラオ語など他のタイ族のことばでは、しばしば「カー」）がつく民族名はベトナムとラオスで公式には採用されていない。


モン・クメール語系コムーの村落景観。近隣の白タイ同様の高床式住居に暮らしている（2004年　ライチャウ省シンホー県）

つまり、神話でサーが先にひょうたんのなかから出てきたのは、サーが先住民だからだ。黒タイの諺にも「サーは兄、タイが弟」とある。またこの神話で、「三十種族のサー」に対し「五十種族のタイ」なのは、盆地を占めているタイ族にも黒タイ、白タイ、ルー、ラオなど、いろいろいるし、人口も山腹や谷の奥に住むサーより多いからだ。

この神話は、サーとの外見上のちがいの由来も語っている。

フランス植民地時代まで、ベトナム西北部はいくつものくにに分かれ、それぞれが黒タイや白タイの首領によって統治されていた。くにのなかでサーの身分は低く、さまざまな労働に使役された。そのため黒タイはサーを見下し、その文化や容姿をバカにすることがある。広く東南アジアでは、肌は白い方が美しいとされるので、サーは色が黒いというのも、差別意識と無関係ではないだろう。

人類の「はじまり」の話にもどろう。

ひょうたんから「駒」はもちろん、「人」だって出ないはず。でも、類話はディエンビエンの黒タイのあいだだけでなく、ラオスで人口最多の民族ラオのあいだでもかなりポピュラーで、たとえば次のように伝えられている。

ひょうたんのなかから人の話し声や笑い声が聞こえるので、カミさまが鉄の穴開けを熱してひょうたんに差し込み穴を開けると、三日三晩で男女があふれ出てきた。最初に出てきたグループがカー（黒タイ語のサーと同じ）、次にラオ、最後に高地民たちだった。熱い穴をとおってきたカーは肌が黒いが、熱が冷めてから出てきたグループは色が白い。★2

黒タイの話とそっくりではないか！　だが黒タイの話に高地民は登場しない。モンなど高地民の大量入植は主に十九世紀以降だから、高地民が登場しない話の方がおそらく古い類型の伝承だろう。

たらい岩

タウプン村からゾム川上流三キロほどのところに、ヨシの原がある。そこのヨシを、まるで人がサトウキビの茎をしがむみたいにネズミがバリバリしがむので、黒タイはネズミサトウキビ（オイヌー）とよぶ。そのヨシの原を刈って田んぼにし、つくった村がナーノイ村。「小さな田んぼの村」の意味だ。ナーノイ・オイヌー村ともよぶ。★3ベトナムにあるが、後述するようにラオスの故地とされ、ラオスでは「オイヌー」付きの長い名の方で知られている。

ゾム川越しにナーノイ村をながめることが、トゥアンザオを発ったわたしたちの次の目的だった。

トゥアンザオを出発して三十分も走ると、わたしたちの車は国営農場の町ムオンアーンに至り、ほどなくカーブの少ない峠の坂道をのぼる。てっぺんを過ぎて坂を下る途中でゾム川に出合う。まもなくナーノイ村が右に見える。

わたしはS氏と土手の草の上に立ち、ナーノイ村を望んだ。おそらく一九九七年九月五日にカム・チョン先生と立ったのもそのあたりだ。

その日のフィールドノートを改めて繰ってみると、「ナーノイ村は人類誕生の地。天帝が人に授けた米が誕生した「たらい岩」が今も川縁にある」と、あたかも先生が語ったかのように書いてあった。だが先に紹介したとおり、人の「はじまり」はタウプン村だ。しかもナーノイ村近くのたらい岩は、ひょうたん岩とは別の岩だ。そのことは先生が著書『ムオン・タインの伝説』に記述しているから、わたしが先生の話をちゃんと理解していなかったのだろう。先生はたらい岩の伝説を、次のように紹介している。

ナーノイ村に龍ヒメ（ナーン・ルオン）という美貌で怪力の女《むすめ》がいた。ゾウくらいもある大きな岩を動かしてゾム川の流れを整え、その岩を村から八〇〇メートルほど離れたゾム川右岸に運んで置いた。彼女はその岩に穴をうがち、たらいの形にして、毎日そのなかで水浴びをした。その岩をたらい岩（ヒン・チョン・ナーン）とよぶ。★4

たらい岩は別の重要な「はじまり」の由緒とかかわっていて、話の続きにこうある。

ある日、働き者の龍ヒメがゾム川で魚やエビをすくって捕っていると、突然激しい嵐に襲われた。雨風ともにすさまじく、彼女はたらい岩に身を潜めた。嵐が過ぎ去ってしまったあとに訪れた宵の静けさに龍ヒメはうれいを感じ、たらい岩でしばし物思いにふけっていた。そこにツバメの精の息子、燕ヒコ（タオ・エン）があらわれた。燕ヒコは彼女と話すうち、彼女こそ自分の結婚相手となる定めとなっている、龍の精の娘だと知った。

こうして二人は夫婦になった。龍ヒメは身ごもり、三年と三月と三日ののち、ボゾムをうんだ。★5

龍とツバメの結婚というテーマは、天と地が相和し、水あってこその田に依って生きるタイ族にとって、豊かな繁栄の「はじまり」を意味しているのだろう。龍もツバメも、亡くなった人の魂が還るカミの世界としての「天」と、生きとし生けるものの世界としての「地」を媒介する両義性をもつ。かつ、黒タイのあいだで龍は水のシンボル、ツバメは地のシンボルだ。

おもしろいことに、龍は男根の、ツバメは女陰の隠喩でもある。だとすると、半神半人の龍ヒメと燕ヒコは二人とも両性具有の全能者だ。なら、息子ボゾムはカミの子だ。

先に示唆しておいた別の「はじまり」の由緒とは、このボゾム誕生のことだ。ボゾムは長じてゾム川を下って、ディエンビエンの盆地の南にあるサムムン地域をまず支配した。その後、ゾム川をさらに下ってウー川に合流し、その流域のまつろわぬもの

たちをことごとく平らげて下り、ついにメコンに達し、ルアンパバンを占めた。★6

ここまでがナーノイ村における神話だ。

メコン水系のゾム川

黒タイ語でゾム川の源を意味するボゾムは、ラオス語ではボロムやブロムと発音される。これに尊称クンを冠するとクンボロム、またはクンブロム。ラオス人なら誰でも知っている伝説上のラオスの祖だ。つまりナーノイ村のボゾムはクンブロムと同一なのだ。ただしラオスにおける神話では、ルアンパバンを占めたのはクンブロムではなく、その長男クンローとなっている。

ラオスで十六世紀に編纂がはじまった『クンブロム年代記』によると、天と地のあいだを神や精霊が滞りなく行き来し合っていた混沌の大昔、クンブロムは天界のインドラ神によって、有徳の支配者として地上に遣わされた。彼の降臨した場所がナーノイ・オイヌー村だった。★7

逆にそのクンブロムの話が、ベトナム側でとりたてて有名ではないことに、二十二年前にカム・チョン先生は首をかしげていた。同じ場所でナーノイ村に臨んで、S氏

はこんなことに首をかしげていた。

「ラオス建国の祖がラオス生まれじゃなくて、ベトナム生まれですって！　ラオスの方ではそれでかまわないんですか」

たしかにヘン！

ラオスのルーツがベトナムにあるなんて、ラオス人やその為政者たちにとって、許していいものだろうか。それに、もう一つ気になることがある。ナーノイ村の住人は、今も昔もラオではなく、黒タイだ。ということは、ラオスの王統の「はじまり」は、民族的にラオではなく、黒タイだ。

この謎に対するわたしの解釈はこうだ。

ベトナムとラオスの国境をはっきりと線で区切ったのは、両国を植民地化したフランスだ。それ以前、ベトナム西北部を中心とする地域を治めていた黒タイや白タイの首領たちは、ベトナムと中国とラオスに同時に朝貢していて帰属があいまいだったから、それらの国と国の境界も不分明だった。ラオスの故地ナーノイ村は、そういうあいまいなところにあった。その後、フランスに対する植民地闘争に勝利した栄光の地ディエンビエンフーとともに、ベトナムになった。ラオス人たちが、その村がベトナムかラオスかに頓着しないのは、両国の政治と外交の関係が良好だからだろう。ベト

ゾム川の向こうに見えるナーノイ村
（1999年　ディエンビエン省）

ナムにあるのが不都合になれば、神話の方を変える必要がある！

神話上のラオス王国「はじまり」の祖クンブロムが、ラオではなく、黒タイ出身なのも許容範囲内だ。というのは、黒タイが仏教徒でないとはいえ、ラオと同じくタイ族の一つだし、しかもラオ文字と同系統の文字文化をもつ文化水準の高い民族だとラオに考えられているからだ。

とはいえ、ナーノイ村がラオス国民にとって「つながり」のシンボルたる「はじまり」の地として、大っぴらに正史に記述されることも、その村にラオスの「はじまり」のモニュメントがつくられることもないだろう。そんなことをしたら、ディエンビエン地域全体の帰属にかかわる領土問題を惹起《じゃっき》するおそれだってあるからだ。「はじまり」の神話は「つながり」を刺激するゆえに、慎重に取扱わなくてはならないのだ。

二つの「はじまり」の地

ひょうたん岩からたらい岩へ、たらい岩からラオスの「はじまり」まで話が進んだところで、ひょっこり！　ひょうたん岩の話に戻ろう。

なんと、タウプン村にひょうたん岩はもうない！

一九九〇年代に、道路を区切る石を少し取り出すために、ハッパをかけて爆破されてしまったのだ。「オロカ者めが！」とばかり、カム・チョン先生も本のなかで憤り呆れている。[★8] その本が刊行された二〇〇七年からすでに干支も一周しているのだから、ナーノイ村のたらい岩だってまだあるかどうか怪しいものだ。

村の古老たちが神話との「つながり」をまだ保っていた一九五〇年代を偲び佇む先生のかたわらでナーノイ村をながめたあの日、旅路を急ぐ必要があり、またゾム川に架かる橋もなかったから村に行くのを断念した。今は橋ができ、容易に行ける。しかし、生きた伝承が失われた村のありさまにS氏とともに失望するのは悲しく、村に足を運ぶのをやめた。

第四話で黒タイの故地はギアロだ、とわたしは語った。だが、ここに紹介したように、このナーノイ村やタウプン村があるゾム川源流域にも、世界と人と米の「はじまり」を語る神話がある。ここは、いわば神話の里なのだ。

カム・チョン先生がかつてわたしに語ったように、この地域はギアロとはまた別系統の黒タイの「はじまり」の地なのかもしれない。とくにラオス側の黒タイなどは、ディエンビエンをギアロより故地として重要視しているのだ。

ギアロはベトナムで、黒タイの故地として「つながり」のシンボルだが、このゾム川源流域もラオスにとっての「はじまり」と、黒タイの「はじまり」が交差するタイ族の「つながり」の地だ。だが、このタイ族の「つながり」は、ベトナム国民の「つながり」を埒外に置いている。この土地はベトナムとも、キン族とも、かかわりをもたないのだ。そのためだろうか、黒タイやラオによる伝承はモニュメント化されないどころか、あたかもタイ族の「つながり」の記憶が風化するのが待たれているかのようだ。ひょうたん岩の消滅が、そのことを物語っている。

最後の殿様の息子

ナーノイ村から、ゾム川に沿った国道をディエンビエンフーへと走る車中で、S氏が尋ねた。

「ベトナムは中国みたいに、人類学の調査は許可をとるのがたいへんって話じゃないですか。よくこんな国境近くの少数民族の村に入り込めましたね」

「たまたまですよ。九〇年代半ばはベトナムの市場開放がうまくいって市場に物があふれ、国民が突然の豊かさに躁状態。政治も社会もタガがゆるみ、イケイケの開放ムードでした。うまくそんな時期にあたったんです。二〇〇〇年をすぎるとみんな我に返りはじめ、反動で締めつけが強まりましたけど……。それと、カム・チョン先生のおかげもあります」

「カム・チョン先生に力があったってことですか」

「いや、ないですよ、先生に力なんて。ベトナムでは国も、省も、県も、実質上のトップは共産党の書記です。これまたたまたまですが、当時、県の共産党書記が先生の亡くなった妹のダンナさんでした。黒タイの親族関係では、妻方の父系親族の発言権が強くて、夫は妻の兄に逆らえない。そんなわけで義弟に対しては先生も力があり、「弟子のこと、よろしく頼むよ」と、ちゃんと言ってくれたんです」

＊

なぜ、「夫は妻の兄に逆らえない」のか？　少し話が脱線するが、黒タイの親族集団と婚姻をめぐる規則について説明しよう。パズルのような話がイヤだったら、ここからの約二ページは飛ばしてもらっていい。

さて、黒タイのあいだで財産や姓は、父から息子へと父系（男系）で継承される。各人は、同じ祖先につながる「シン」とよばれる親族集団のどれかのメンバーだ。この親族制度ゆえの結婚規則を、説明したい。

①自分の三代上の曾祖父母を起点にして、三代下のひ孫世代までの、同じシンのメンバーを「ヴァー」とよぶ。同じヴァーのメンバー同士の結婚は、近親婚にあたるとして禁止。たとえば図中のa1とa2は結婚できない。

②女性は結婚すると、夫のシンのメンバーに移籍する。たとえば、シンAの女性xがシンBの男性yと結婚すると、シンBのメンバーになる。

③結婚すると、妻の両親が属するシンが「ルンター」、夫のシンが「ニンサ

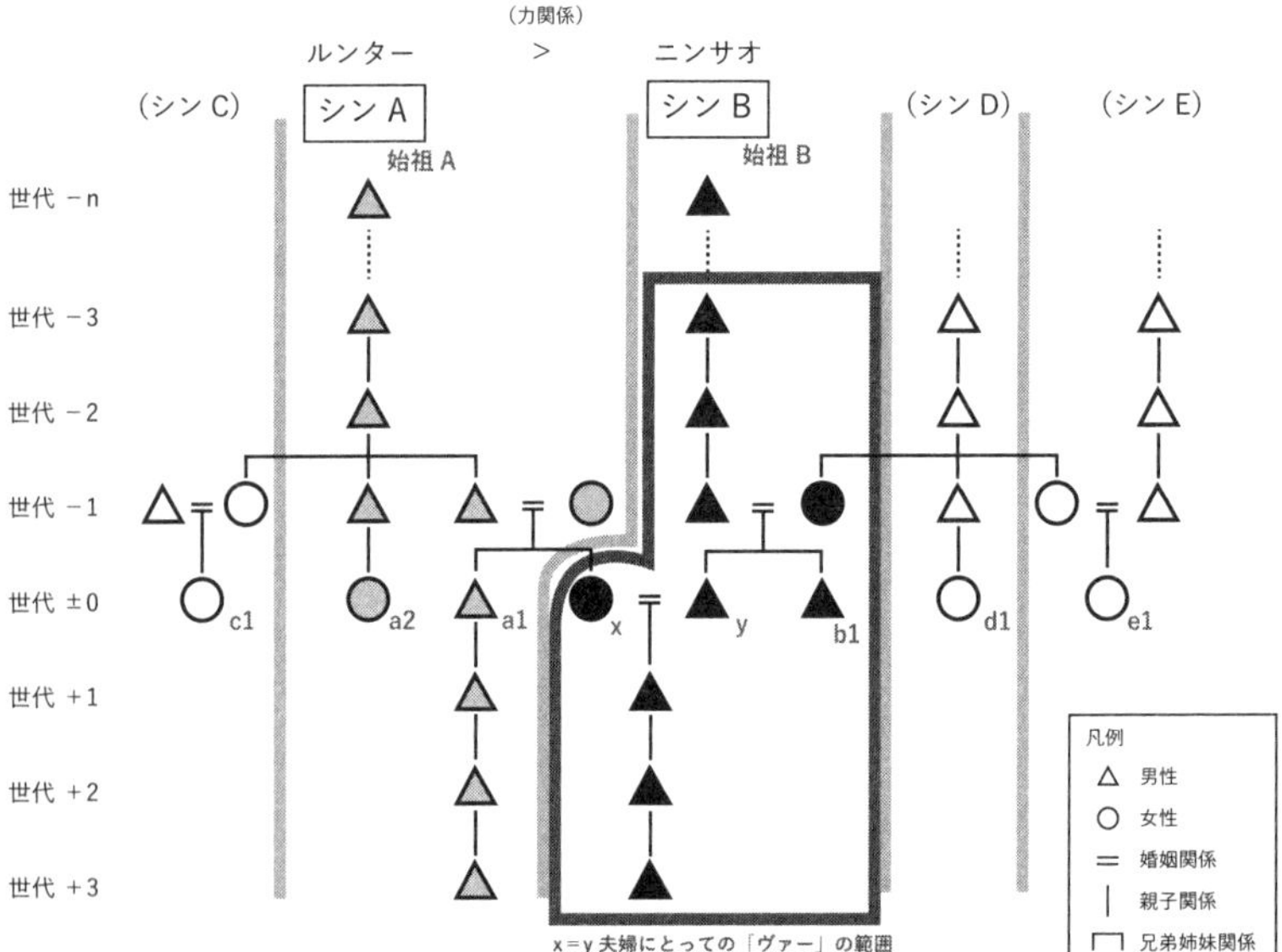

x=y夫婦にとっての「ヴァー」の範囲
(同世代のb1にとってもヴァーの範囲は同じ)

オ」とよばれ、この二つのシンのあいだの関係は、ルンターがニンサオより上位、と決まっている。カム・チョン先生が義弟に対し発言権があったのはこのためだ。なお、この上下関係は世代を超えて維持される。

規則③ゆえに、たとえば自分が男なら、ルンターの女性とは結婚できるが、ニンサオの女性とは結婚できない。この規則を破れば、二つのシンのあいだにある「ルンター―ニンサオ」の上下関係が混乱するからだ。たとえばシンAとシンCは「ルンター―ニンサオ」関係なので、a1とc1は結婚できない。

村ではご近所同士での結婚も多いから、自分が誰と結婚できて、誰と結婚できないかを、子どものころからみな教えられている。

＊

黒タイの親族集団と婚姻については、これくらいに留めておこう。

S氏には旅のあいだ、折に触れてカム・チョン先生の名前を出して小出しにしゃべったので、ここで先生のことをまとめておこう。

ふりかえると、先生とのおつきあいはたった十年だったが、思い出はたくさんある。

いざ話すとなると、なにから話すか困ってしまうので、先生の生い立ちから語りはじめよう。

　先生は二十世紀初頭に西北部で権勢を誇っていたくにの一つ、ムオン・ムアッ（現ソンラー省マイソン県）の首領カム・オアイの孫だ。世が世なら先生は「殿《との》ーっ！」と家来たちにかしずかれていたかもしれない。だが、そんなやんごとない生まれゆえの苦労も多かった。

　カム・オアイは一九三三年に退位し、長男カム・ズンがあとを継いだ。すると、ムオン・ムアッの弱体化を図るためにフランス植民地当局は、フランス人官僚サン・プルーフ暗殺未遂、という濡れ衣を着せてカム・ズンを捕らえ、「この世の地獄」ホアロー収容所にブチ込んだ。ハノイでわれわれがギロチンを見た、あの収容所跡だ（第二話参照）。

　まもなくカム・オアイも逝去した。そんな騒動のさなかの一九三四年、カム・ズンの二歳年下の弟カム・

シア川の取水堰は今はコンクリートに固められている。カム・チョン先生が水泳の課外授業をしたのはこのあたりだ（2005年　ギアロ）

ビンの長男として先生は生まれた。

その後、フランスから奪う形でインドシナを手中に収めた日本が一九四五年八月、連合国側に無条件降伏すると、まもなくホー・チ・ミンは蜂起しハノイで独立宣言をした。おかげでカム・ズンは十二年もの獄中生活から解放され、故郷に戻ってきた。もちろん彼はハノイの「学校」で仲良くなったお友達に感化され、正真正銘の反仏の赤い革命戦士となっていた。翌一九四六年にインドシナ戦争がはじまると、ベトミンに与し、黒タイの人々を率いてフランスと戦った。

カム・チョン先生の幼少年期はそんな動乱の時代だった。一九四一年にまで遡ると、まだ七歳で幼かった先生は、大人の足でも徒歩で二日かかる六〇キロ西のトゥアンチャウに寄宿して、フランスがつくった小学校に通った。だが日本軍の進攻もあり、地域情勢の悪化によって三年生からはほぼ休校。先生はマイソンに戻った。

学校に行けないかわり、実家で実父から黒タイ文書の読解と教養をたたきこまれた。伯父カム・ズンが釈放されて戻ってきたのはそんなころだ。すでに五十歳だった伯父の跡とりとして、先生はその養子になった。

だが、こうして家族らと過ごせたのもほんの束の間だった。まもなくインドシナ戦争が勃発すると、安全のため十一歳で親元を離れ、はるか紅河デルタのフートー省でベトミンに匿《かくま》われた。その後ホー・チ・ミンがつくった「芸術児童団」に選抜されて、ベトナムの学校教育を受けながら歌舞劇を習い、ゲリラ活動を各地で展開するベトミン軍を慰安訪問した。

先生の少年時代の記録として残っている数少ない写真が、ハノイの集合住宅最上階五階にあった小さなご自宅の壁にかかっていた。国が乱れ、家族と離ればなれの寂しさを慰め合う子ら十六人が、国父ホー・チ・ミンを囲んでいる白黒の記念写真だ。

みんな笑っている。先生も口を開けて笑っている。昨日泣いた子の大きな笑顔。わたしも知っている先生の笑顔だった。

現地たたき上げの民族学者

一九五一年、先生は芸術児童団から選抜されて小学校教員の養成学校に進学した。学校は中国の南寧にあった。戦況が激しく、学校ごと疎開していたからだ。その二年後にはフランス支配から解放されたばかりのギアロに教員として送り込まれた。

ギアロのシア川にある大きな取水堰を訪ねたとき、先生はこんな思い出を語った。黒タイ、ムオン、モンなど少数民族ばかりの生徒たちをそこに連れてきたある日のことだ。高地に住むモンの生徒は泳ぎを知らない。先生は泳ぎを覚えさせるため、深い淵にモンの子を放り込んだ。そのことで後日、学校から強く叱責されたのだそうだ。自分に厳しかった若いころ、他人にも厳しかったのかもしれない。

第四話に記したとおり、ギアロのビエンさんと先生がはじめて出会ったのは、この教員時代ではない。当時、ビエンさんはソンラーにいた。

インドシナ戦争終結翌年の一九五五年、先生はソンラーを中心に設置された民族自治区で文化局幹部になった。自治区内では民族語教育も実施されたから、先生はソンラーで現地タイ族の文字を教えた。その生徒の一人がビエンさんだったのだ。

自治区は、ベトナム戦争が終わり、内戦も終わって南北ベトナムが統一した一九七五年まであった。先生によると、その二十年間がご自身の「黄金期」だった。★9

ハノイに遊学させてもらった三年間にマルクス＝レーニン主義の理論を頭にたたきこみ、残りは西北部にずっといた。その間、先生は黒タイのあらゆる古文書を理解するために、米軍の空爆の合間を縫って、道という道を歩き尽くし、山河を越えて各地の古老に教えを請うて研究に励んだ。先生は一度も銃を手にしなかった。

たくさんの民族を抱えているベトナムなので、戦争を勝ち抜くためには少数民族を味方につけることが肝要だ。だから民族政策は国家の最重要政策の一つだった。そのため先生の「黄金期」には、たくさんの民族学者が中央から調査にやってきた。

当時、少数民族の多くはベトナム語が話せない。だが黒タイ語なら、西北部のどの民族の村にも解する人がいくらかいた。だから、ときに先生が民族調査を代行し、エライ学者先生たちのゴーストライターにもなった。いっぽうで自身でも民族学の本を書いた。それが評価され、一九七六年ハノイにある国立の研究機関、民族学院に研究員として着任した。


先生の長男が、わたしにこんなことを打ち明けて笑った。

「子どものころ、オヤジがなにをしているのかわからなかった。ほとんど家を留守にしていたからね。それが四十歳くらいから、猛然と本を書きまくりはじめた。それでやっと、オヤジはこんなことしてたんだってわかったよ」

由緒ある家柄の子弟とはいえ、キン族がバカにする少数民族の出身だ。しかも、小学校を卒業したのかどうか、また最終学歴は中央山地師範学校という、一時期ハノイにあった教員養成学校出身で、たぶん中卒か高卒レベルだろう。

そんな「怪しげ」な学歴の人が、勉強家でめちゃくちゃ記憶力がよく、西北部のことはモーレッツに詳しい。とくに黒タイの文化や文学についてはまさに生き字引。しかも筆は速いし、文章は明快で、そして書きまくるのだった。中央の「いい」大学を出て、ソ連に留学などして修士や博士になったようなエリートたちは、舌を巻いたことだろう。

その後、民族学院から分かれ、博物館をもつ研究機関としてベトナム民族学博物館が新設されると、先生は博物館の西北部研究の主任に抜擢されて着任した。今、改めてその意味を解釈するとこうなる。

西北部で最有力の黒タイ首領として先生の祖父カム・オアイと伯父（養父）カム・ズンの二人が、二代がかりで西北部をベトナムのなかに政治的に組み入れた。だとすると、実父カム・ビンから受け継いだ黒タイ支配階層の教養を基礎として、タイ族の西北部をキン族のベトナムと歴史・文化的に接合したのがカム・チョン先生だった。

おそらく民族学的見地から、西北部がベトナムの一部であることを証明したと評価され、国の民族政策にもかかわる民族学部門の中核メンバーとして、先生は中央でポストにつくことができたのだろう。つまり、カム・チョン先生までの三代で、西北部における民族間の「つながり」が、ベトナム国民の「つながり」の一部となる根拠が、政治と文化両面からできたのだ。

カム・チョン先生に弟子入り

わたしが先生と出会ったのは、博物館が公式にオープンする直前の時期だった。一九九七年に田辺繁治先生とカム・チョン先生の案内で西北部をうろついたのが最初の縁で、そのままわたしは先生の子分になった。現地たたき上げのアウトサイダーなんて、かっこいい！

わたしはロクにことばもできないはじめから「黒タイの村に住み込みたい」と言い続けた。いっぽうで先生も、ベトナムの民族学に関してこんな不満を口にしていた。

タイ族に関する民族学研究の指導を求めに来た学生や研究者は何人もいた。しかし、現地調査といっても、ベトナム語が堪能な現地の人にちょこっと会ってベトナム語で話を聞く程度で、自ら現地のタイ語を習得し、村に住んで生活や文化の実態を内側から探り、文字を学び古文書まで読もうなんてベトナム人は一人もいなかった、と。そんなわけで、わたしは先生にずいぶんかわいがってもらった。

S氏のご指摘のとおり、ベトナムで現地調査の許可を取るには障害が多かったから、ハノイで待機している時間がいつも長い。だから、ハノイでは毎日のようにお宅を訪ね、先生から黒タイの文書の読解を習った。朝から晩まで三食昼寝付きで先生のお宅にいる日もあった。

先生がたおれて病院に運ばれた前の日も、そのまた前の日も、わたしは先生と半日いっしょにいた。

先生はたおれて二ヶ月あまり入院した後、亡くなった。訃報は日本で受け取った。亡くなる直前、病院での先生の介護と看病のために、ご家族は地方出身のご夫婦を雇っていた。没後に知ったのだが、二人は、病床に伏していた先生から「今、マサオが(病棟の)下にもう来ているはずだ。迎えに行ってやれ」と何度も頼まれたそうだ。それを思い出すたびに心が痛む。

よく夢に出てくる人っているものだ。先生もどういうわけか、わたしの夢によくあらわれた。亡くなったあともよくあらわれた。

何日も続けてあらわれたあるとき、「なんだってそんなにしょっちゅうぼくの夢に出てくるんですか?」と、夢のなかで先生に訊こうと誓った。不思議なことに、それ以来一度もあらわれない。

そのまま十年は経つ。スネたのかもしれない。

次に先生に夢のなかで会ったら、今度は「先生、ずいぶん見なかったけど、どうしてたんですか?」と訊くことに決めている。

黒タイの村をバックに佇むカム・チョン先生。
田んぼを見つめる先生の心にどんな思いが去来していたのか
（1997 年　ディエンビエン省）

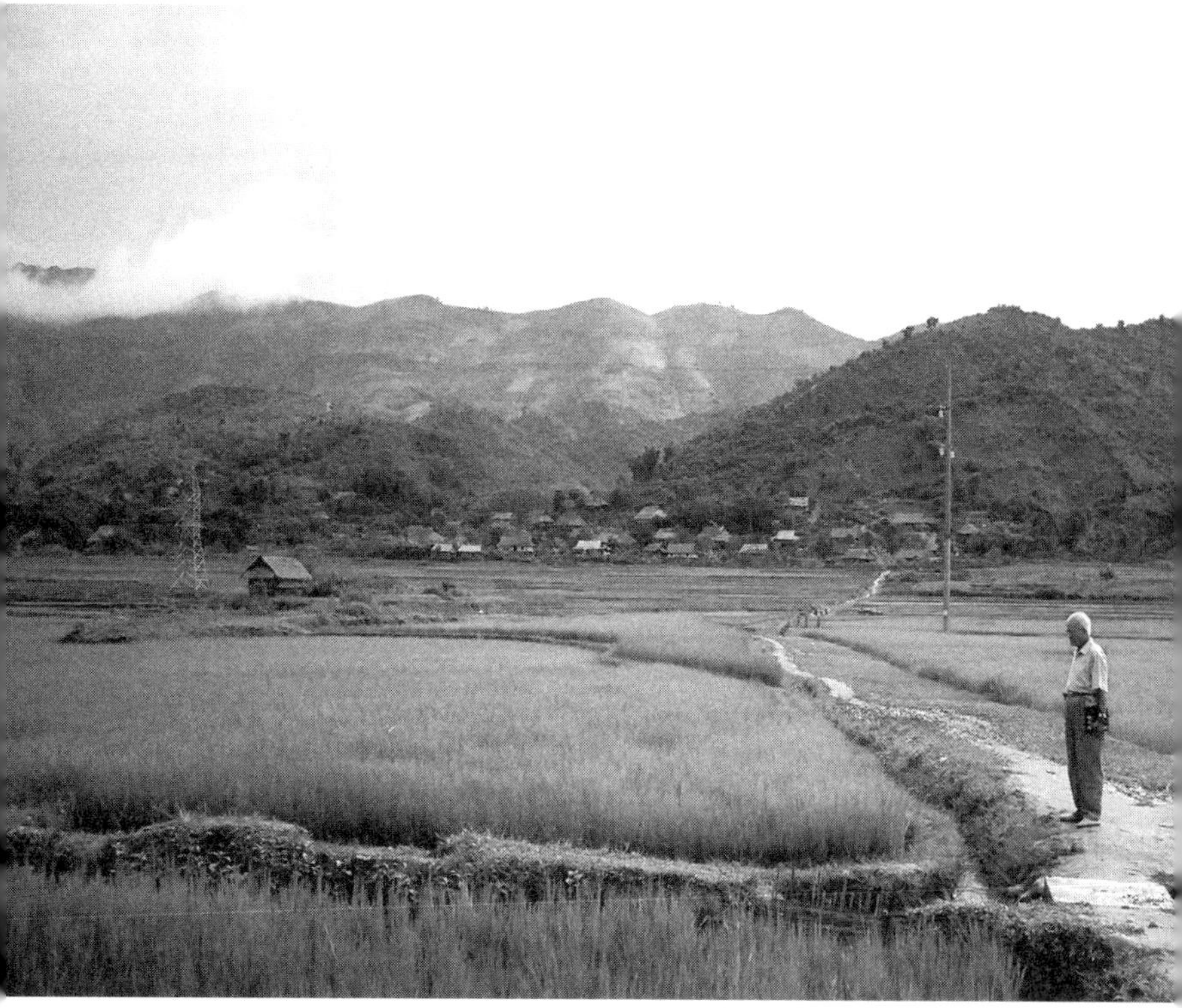

8

ディエンビエンフーのウワサ話

Điện Biên Phủ

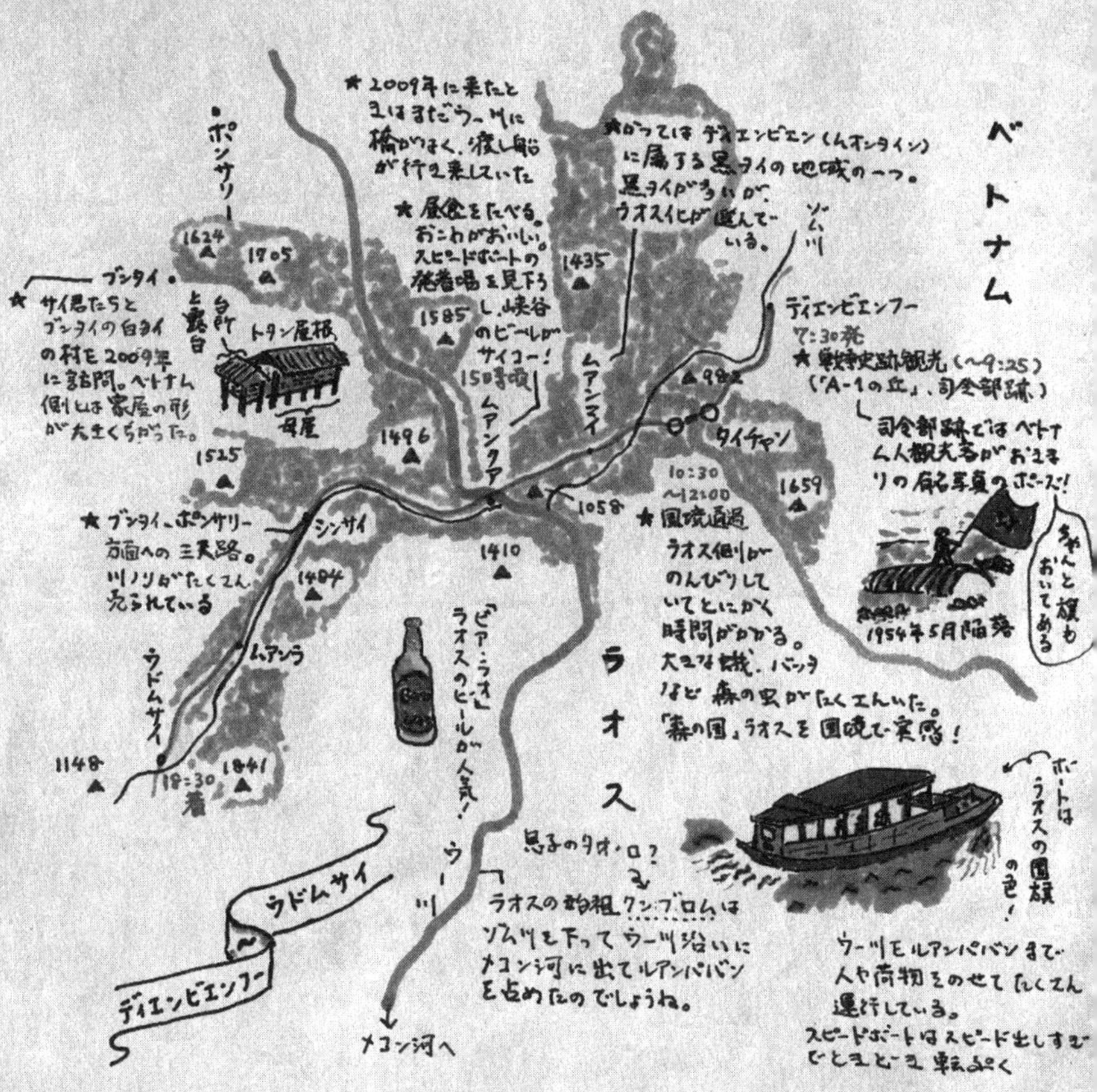

ベトナム
ラオス
★2009年に来たときはまだウー川に橋がなく、渡し船が行き来していた
★昼食をたべる。おこわがおいしい。スピードボートの発着場を見下ろし、峡谷のビールがサイコー！
15時頃
★かつてはディエンビエン（ムオンタイン）に属する黒タイの地域の一つ。黒タイが多いが、ラオス化が進んでいる。
ポンサリー
1624
1705
ブンタイ
★サイ君たちとブンタイの白タイの村を2009年に訪問。ベトナム側とは家屋の形が大きくちがった。
台所と露台
トタン屋根
母屋
1435
1585
ゾム川
ディエンビエンフー
7:30発
★戦争史跡観光（〜9:25）
（「A-1の丘」、司令部跡）
司令部跡ではベトナム人観光客がおきまりの有名写真のポーズ！
ちゃんと旗もおいてある
1954年5月陥落
ムアンマイ
ムアンクア
1496
98
タイチャン
1525
10:30
〜12:00
★国境通過
ラオス側がのんびりしていてとにかく時間がかかる。
大きな蛾、バッタなど森の虫がたくさんいた。
「森の国」ラオスを国境で実感！
1659
1058
★ブンタイ、ポンサリー方面への三叉路。川ノリがたくさん売られている
シンサイ
1410
1484
ムアンラ
ウドムサイ
「ビア・ラオ」ラオスのビールが人気！
1148
18:30着
1841
ウー川
息子のタオ・ロ？
ラオスの始祖クンブロムはゾム川を下ってウー川沿いにメコン河に出てルアンパバンを占めたのでしょうね。
ボートはラオスの国旗の色！
ウー川もルアンパバンまで人や荷物をのせてたくさん運行している。
スピードボートはスピード出しすぎでときどき転ぷく
ウドムサイ
ディエンビエンフー
メコン河へ

11月27日（水）　22:00　ウドムサイ

薬が効いたのか朝6時まで眠れたのがうれしい。ホテルで朝食をとってから7時半に出発し、ディエンビエンフー戦勝記念50周年事業で整備された「A1の丘」と仏軍総司令部跡のみ見てタイチャン国境に向かった。

国境で出国手続きを待っていると、ラオス側で待機しているものと思っていたサイ君が、国境を越えてとことこと、「着いてるよ」と告げに来た。そんな手続きのゆるさに驚きつつ再会を喜んだ。出国審査はすんなり終わったが、ラオス側は入国審査官が食事にでも行ったのか、行方をくらまして何十分か待たされた。

14時に川沿いの町ムアンクアに着いて遅い昼食をとると、次にポンサリーへの道との分岐点にある市場に寄った。6時半にウドムサイ着。まず夕飯を食べてからホテルに移動し、ロビーでしゃべっていると10時になった。

巨大ホテルチェーンの「はじまり」

ディエンビエンフー。

このエキゾチックな響きの土地の名を知ったのは、高校世界史の授業か教科書でだろう。近代植民地主義からの独立を自力でなしとげた、アジア民族主義の輝かしい勝利の地……。だが、まさかそんな遠いところを繰り返し訪ねることになるとは、十代のころは思いもよらなかった。

久しぶりのディエンビエンフーでの一夜がまた明け、ムオン・タインホテルの朝食の席でS氏にこんな説明をした。

「ムオン・タイン」は黒タイ語でディエンビエン地方のことだ。ベトナム阮朝が一八四一年にその盆地の中心に置いた辺境防衛拠点が「奠辺府《ディエンビエンフー》」。このベトナム語地名が現在まで引き継がれている。

S氏が尋ねた。

「ムオン・タインが黒タイ語ってことは、オーナーは黒タイなのですか」

「それが驚いたことにキン族なんですよ」

ホテルの創始者レ・タイン・タン氏について知られていることを、運転手や町の人たちのウワサ話もまじえて大ざっぱにまとめると、こうなる。

タン氏は一九五〇年、中部のゲアン省生まれだ。若いころに西北部にやってきて地元の人たちと深いつながりを得た。ムオン・タインホテルグループの公式ホームページ[★1]によると、それが縁となって一九九七年にホテル第一号を、まさにここ、ディエンビエンフーにオープンした。その後、約六十ものホテルチェーンをもつ巨大ホテルグループへと成長させ、タン氏はムオン・タインの名を国内外にまで広く知らしめた。

彼自身はすでに経営トップの座を退き、イギリス留学経験もある娘さんに譲っているが、このホテルグループは建設許可をめぐる相次ぐトラブルや、ハノイにオープンさせたレジャー・プールでの子どもの溺死事故などで、なにかと世間を騒がせてきた。

だが、ここで大事なのはタン氏やその家族の現在の話ではない。バラ色の共産主義社会を実現すべく国民生活の物資すべてを配給制にし、その結果、国民経済がボロボロだった、いわゆる「バオカップ（配給）時代」（一九七六－一九八六）に、貧しいベトナムのなかでもとりわけ貧しかった西北部にタン氏がわざわざやってきて、どうやって大資本を築いたかだ。

もったいぶらずに答えを言ってしまおう。麻薬王だったのだ。
もちろんウワサにすぎない。だが体制批判がタブーな国では、表立って言えることなんて限られているのだ。

特別なハチミツ

タン氏は西北部で長くライチャウを拠点としていたそうだ。ライチャウと麻薬、この二つの結びつきには、他にも思いあたる話がある。

だがその話をする前に、一つだけ断っておこう。現在のライチャウと二十一世紀初頭までの旧ライチャウとは、場所が大きくちがっていることだ。これはダム建設により旧ライチャウが水没したせいだが、説明するとかなりややこしくて混乱するだろうから、本書でのライチャウは、すべて旧ライチャウ（現ムオンライ）のこととしてお読みいただきたい。

さて、ライチャウはディエンビエンフーから北へ約一〇〇キロ、北から支流ナー川がダー河に注ぐ合流点にできた細長い盆地にある美しい町だった。残念ながらダー河のダム建設により二〇一〇年ごろ、町は湖底に沈んでしまった。だが、一八九〇年にフランスに投降して以来、最後までフランスに味方した白タイ首領デオ家一族の居城跡は、廃墟となったまま高台の上に残っている。植民地期に権勢を誇ったデオ家の経済基盤も、実はアヘン専売の特権によるところが大きかった。[★2]

ダムができる前、ダー河の中洲に、ログハウス風コテージが並ぶ瀟洒《しょうしゃ》で値段も手頃なゲストハウスがあった。創業したオーナー夫婦は一九六〇年代かそこらに紅河デルタのタイビン省から移住してきたキン族だった。

オーナー夫婦にはハノイの大学を出た才色兼備の愛娘がいた。彼女は二〇〇二年だったか、フランス留学帰りの、これまたスマートでキレ者の若者と結婚した。若夫婦はゲストハウス経営を引き継ぐと、すぐにＩＴ化を進め、ブログも開設して英語やフランス語でも国内外に情報発信したから、トレッキングツアーやエスニック観

インドシナ戦争でフランス側に味方してベトミンと戦った白タイ首領デオ・ヴァン・ロンの居城跡（2010年　ライチャウ）

光の拠点としてたちまち外国人に人気の宿になった。

二〇〇四年にタイ人の研究者夫婦と三人で、いくつかの民族の村を訪問しながらダー河を下る一日の旅を、若夫婦に企画してもらったことがある。

一般的にベトナムは外国人が村に立ち入ることを厳しく制限していて、とりわけ西北部は制限が厳しい。村に行きたければ事前に地方政府に届け出て許可を取り、役人と公安の付き添いでないとふつう行かせてもらえない。しかも彼らの日当までこちら持ちだ。しかし、わたしたちは役所や公安から交付された許可証なし、通訳もガイドもなしに、地元の白タイの船頭を二人雇うだけで自由に村に立ち入っていいと告げられ、びっくりした。オーナーの家族はそれほど各方面に顔が利くのだ。

それというのも、ウワサによると、先代は宿泊業をはじめる前、ケシ関係の取引で財をなしたからだった。

昔からケシがけしからんかったのではない。ベトナム

ダム建設で水没する前のライチャウの盆地（2004 年）

はベトナム戦争のころまで、中国やソ連など共産圏各国から武器、技術、人の供与をかなり受けた。そのお返しに西北部からもアヘンケシや麻薬を大量輸出していたとも、ベトナム戦争後の国家財政の困窮をその密輸出で補ったとも、ウワサに聞く。要するに、少なくとも一九七〇年代までケシ栽培や麻薬の製造販売は軍や政府ぐるみだった。そのころそれを請け負った人たちは、党のエライ人たちともツーカーの仲だったはずだ。そしてそのコネは、商売替えしたあとあとまでかなり役に立ったことだろう。

こんな甘い、おまけの話を一つ。

かつてチェックアウトするとき、先代のオーナーの奥さんが、餞別として一・五リットルのペットボトルたっぷり「特別な」ハチミツをくれた。あっさりしていて、甘みは上品、香りは芳醇。奥さんが耳打ちした。

「ケシのハチミツよ」

ダム建設にともない一家は風光明媚な別の土地を開拓し、ライチャウからゲストハウスごと移っていった。ウワサによると、そちらでも成功している。

ゆたかなくにの「はじまり」

思い出のなかのライチャウに長居しすぎたので、またディエンビエンに話を戻そう。ディエンビエンの盆地は広大だ。なるほど衛星写真で確認すると、西北部にある盆地のなかでは目立って広い。黒タイはこの土地をこんなふうに形容する。

ザルのように丸いくに
スイギュウの角のように丸く囲んでいる★3

そして、こんなふうに言祝《ことほ》いだ。

ムオン・タインの下手《しもて》は塩の産地
ムオン・タインの上手《かみて》は米所
盆地の下手には銅床がある★4

わたしにとってディエンビエンは、気候が温暖で、見はるかす沃野に、ありあまる稲穂が垂れる「うましくに」のイメージだった。しかも岩塩も銅も採れるなんて、海岸部の勢力に塩を人質にして脅されることもなければ、自前の銅で武器や貨幣も調達できるわけだ。

だが、実際には「うましくに」どころか、かなり最近までディエンビエンは暮らすに厄介な土地で、住民も権力も長居できなかったそうだ。

俚諺《りげん》に曰く、天が黄いろ赤いろのムオン・タインのタイは米に苦しむ、と。

天が黄いろ赤いろとは、日照りのことだ。

ディエンビエンには、その丸くて大きな盆地全体を潤す水が足りない。地形的にゾム川の水を分ける堰を築くのが難しく、山からそそぎ出る他の川はいずれも細すぎたからだ。稲作は天水頼りで、日照りになると住民はたちまち飢餓にあえぎ村から離散した。したがってこの広い盆地を統べる権力も育ちにくかった。

「ムオン・タインは座面のごとし」ともいわれる。腰かける人がころころ替わる椅子みたいに、よそからの統治者が入れ替わり立ち替わりしたからだ。

しかも統治者は黒タイとは限らず、白タイもいたし、ルー（中国雲南省シプソンパンナーに多いタイ族）、キン族もいた。十九世紀末にはタイ国（シャム）も支配を目論んで、土地の測量調査にまでやって来てフランスと対立した。

ディエンビエンが稔りの沃野に変貌したのは、民族自治区があった時代の一九六三年に工事がはじまったゾム川開発事業のあとだ。紅河デルタから大量の労働力をここに投入して、市街地の東北にあるヒムラム地区に取水堰を築き、盆地全体を灌漑した。[★5] そのおかげで全国に出荷されるほど良米の産地になった。二〇〇〇年代にはわたしもハノイのスーパーでディエンビエン産の日本米を購入して炊いて食べていたものだ。

黒タイと、白タイと……

ディエンビエンを支配したキン族としては、十八世紀のホアン・コン・チャット（黄公質、一七〇六－一七六九）が知られている。共産主義者の観点からの評価は高い。農民を抑圧する憎《に》っくき封建主義の王朝に叛旗を翻して蜂起し、三十年にもわたってディエンビエンを拠点に立てこもり、黒タイ、白タイら少数民族と団結して後黎朝と闘争した、アッパレな農民だからだ。

彼は紅河デルタの沿岸部タイビン省出身だった。実は西北部は今もタイビン省とのつながりが深い。

ディエンビエンフーに限らず、西北部でも市街地はキン族が住民の大半を占めている。なかでもとくに多いのが、一九六〇年代からの移民政策で入植したタイビン省出身者なのだ。旧正月前の帰省ラッシュ期など、西北部各地からタイビン省への直行バスが増発されるほどだ。


西北部におきまりのベトナム語ジョークがある。

「タイ族には三種いる。黒タイ《タイデン》、白タイ《タイチャン》、平タイ《タイビン》だ！」

タイ族に黒タイと白タイがいるのは知っているだろうけど、実は第三の集団がいてそれがタイビンの人だよ、というベトナム語の語順ならではのジョークだ。

かつてディエンビエンフーでカム・チョン先生と現地の役人らと五、六人で歓談していたとき、一人がこのおきまりのジョークを言った。お約束の笑い声があがる。静まるのを待たずに先生が後を引き受け、一同に尋ねた。

「その続きがあるの知ってるかい？」

みんなの表情をひととおりうかがってから、続けた。

「どのタイも森を荒らしてる！」

「こりゃあ、上手い」と、タイビン省出身者まで爆笑した。

自虐とも風刺ともつかないこの毒のある冗談に、誰も目くじら立てて怒らない。みな寛大で鷹揚《おうよう》だ。それがベトナム。以来、わたしはこのネタをパクった。

一九九〇年代、ベトナム政府は森林破壊の元凶を「貧しい」少数民族による「未開な」焼畑耕作のせいと決めてかかり、禁止や罰金を科して取り締まりを強化した。たしかに少数民族の人口増加で焼畑面積が拡大し、焼畑の生産性維持のために必要な休耕期間がどんどん短縮されて常畑化した。それが土壌流出を引き起こし、山を荒廃させたことはまちがいない。いっぽうで、一九六〇年ごろからキン族を西北部に大量に移住させて森林を伐採し、農地を開拓させた事実もある。その移民には、とくにタイビン省出身者が多かった。

木材は高く売れたから、違法伐採も横行した。重要なことは、現地少数民族をその最末端の実働部隊として組み込んで、運搬や流通をとり仕切って利益をせしめたのが主にキン族だったことだ。のみならず、違法伐採された木材の流通が、アヘンケシや麻薬の流通とダブっていたことも想像に難くない。

誰も公言しないが、こうした構造は西北部の人にはわかりきっている。先生のジョークは、地域のそんな不条理で不均衡な民族間の、さらには中央と山間部の不平等な関係をうがったものとして解釈できるから、政治的にヤバい。

そのジョークをパクって使い回して笑いをとっているわたしもヤバいかも……。

丘の上の巨大な穴

ディエンビエンフー観光といえばディエンビエンフーの戦い関連の場所とモノ、と昔から相場が決まっている。だが、その観光が昔からつまらない。土地の魅力を掘りさげ、もっとうまくアピールすれば、よい観光地になるはずなのにもったいない。気候、景観、食事もいい。黒タイの神話のふるさとだし、東西南北から征服者がかわりばんこにやってきて腰かける椅子……だったがゆえの歴史と文化の深みがこの土地にはある。だが、正史をなぞることしか許されないなら、歴史と文化の深みになど触れられない。

実は旅行の計画段階では、ホアン・コン・チャットを祀る神社、ルーやラオが建てた仏塔、サムムンにあるタム・ヴァン城塞遺跡なども訪ね、地域の理解にもっと時間を費やすアイディアだった。だが、それには旅行日程が足りない。しかたなく、二〇〇四年の戦勝五十周年記念事業でおこなわれた大規模な史跡整備にどんなビックリがあったかを、S氏に現場で伝えるに限ったのだ。

朝食を済ませ、七時半にチェックアウトすると、わたしたちは「A1の丘」を訪ねた。ここに布陣したフランス軍への猛攻が、ディエンビエンフーの戦い最大のヤマ場だ。

五十周年直後に来たときよりも、「A1の丘」はさらに整備が進んでいた。丘全体が戦跡として柵で囲まれ、資料館まで建っている。入場料も必要になった。かつて丘の木は近隣住民が薪にするために切り出して、まばらに残った灌木のあいだで放し飼いのスイギュウやヤギが草を食んでいたものだ。今は手入れされた木立のなかの小径を歩く。

丘の頂上で掩蔽壕《えんぺいごう》を見学したあと、つぶやいた。

「五十周年のとき、やり過ぎたかも。この丘にある塹壕なんて、再現どころか、新しくつくられていますよ」

「えっ!」とS氏は声をあげた。

この丘の観光の目玉である、地面にぽっかり開いた

ディエンビエンフー戦勝50周年で「A1の丘」の上に再現されて間もないころの爆破跡。現在はもっと整備が進んでいる(2005年)

巨大なすり鉢状の穴へとS氏を導いた。一九五四年五月七日、地面を掘りすすめこの丘に迫ったベトミン軍は九六〇キロもの地雷を仕掛け、その爆破を合図に総攻撃を仕掛けた。この穴こそ、まさに戦いのクライマックスの爆破跡なのだという。

「すごいですね」

S氏が感嘆した。

「すごいでしょう。五十周年にかこつけてこんなに大きいの掘っちゃったんです」と笑ったら、S氏が呆気にとられて、また「えっ！」と声をあげた。

「五十周年直後は、この穴も塹壕もまだ赤土がむき出しで、できたてホヤホヤ感満載でした。十五年も経って、コンクリートで固められすっかりサマになっちゃった」

こんな会話をS氏としたあと、史跡としてのできばえを吟味するように深い爆破穴を見下ろし佇んでいると、軍服軍帽で正装した退役軍人が奥さんを伴い、近くまでやってきた。彼は奥さんに案内板の解説を読んで聞かせてから、

「ちがうよ。もっと上だよ。それにあっちなんだよ」と、丘のもっと上の、掩蔽壕からも離れた別方向を指さした。奥さんは笑みをうかべて静かにうなずいていた。

「爆破はここじゃないんですって」とわたしはS氏に伝えた。

本当は六十五年前の話をなぜ知っているのか、退役軍人に直接尋ねたかったが、夫

婦の大切な時間に水を差すようで気が引けてやめた。わたしたちはその場をあとにした。

かまぼこ屋根の上の金星紅旗

われわれは「A1の丘」を下りて正面にある博物館はスルーし、ド・カストリ将軍の総司令部跡へと足を運んだ。

総司令部を占拠したベトミン兵士が、そのかまぼこ屋根の上で大きな金星紅旗を掲げて振っている。ディエンビエンフーの戦いの勝利のシーンとして、あまりに有名だ。今は大屋根と柵のなかに保存されているかまぼこ屋根の上に、若者たちが順ぐりに備えつけの大きな金星紅旗を手にしてのぼっては、「なりきり」ポーズを決めて写真や動画を撮り合って興じている。SNSにでも投稿するのだろう。

S氏もちょっとやりたそうだったが、わたしたちは先を急いだ。

ディエンビエンの広い盆地を南に突っ切って走る車内で、S氏に問いかけた。

「有名なあの勝利のシーンの映像、ヤラセだってご存じでした?」

驚きの表情を一瞬見せたものの、今度は「えっ！」と声をあげなかった。

「なるほど。「A1の丘」と同じ流れですね」

「ずいぶん前に、大西和彦さんという方から聞いて知ったんですけどね。大西さんは小松さんや福田さんと同じくらいハノイに長く住んでいる、ベトナム宗教史研究の第一人者で、おそろしく物知りです。二〇一〇年に博物館にもお連れしました。そのとき、なんの注釈もなくヤラセ写真が並んでいてツッコみどころ満載の展示場をご覧になり、また、屋外展示場では、中華民国によるコピー生産らしい旧日本軍の四一式山砲《よんいちしきさんぼう》も見つけて楽しんでおられました」

実はディエンビエンフーの戦いの一ヶ月後には、ウクライナ出身の映像作家で写真家ロマン・カルメンがソ連から現地入りし、ドキュメンタリー映画『ベトナム』の制作にとりかかっていた。総司令部占拠の演出効果を高めるために金星紅旗を振るシーンは、そのとき創作されたらしいのだ。

その証拠はこんな記述からもわかる。インドシナ戦争に従軍したものの「不正でバカげているとしか思われない戦争に、これ以上かかずらうなんて、ヤなこった」と、途中で軍人を辞めて、その後は文筆活動に専心し、ディエンビエンフーの戦いを徹底分析した作家ジュール・ロワが、「総司令部の掩蔽壕の上にフランスが白い旗をあげすぐに下ろした。だが、そのあと誰かが金星紅旗を広げて振っているのを見たという証言は、フランス側にはない★6」といった内容のことを書いているのだ。

戦いの翌一九五五年に公開された映画『ベトナム』も、共産主義国万歳のヤラセ映画の一つにすぎない、と言ってしまえば身も蓋もない。実際、すべての作戦を終え意気揚々と引き上げてくるベトミン兵士たちを、広大な焦土のいったいどこから湧いて出てきたのか、民族衣装できれいに着飾った黒タイの女性たちが満面の笑みを浮かべて手を振って喜び迎えるシーンをはじめとして、不自然極まりないヤラセシーンが多い。

とはいえ、悲願の独立を勝ちとった国父ホー・チ・ミン、「赤いナポレオン」として世界に名を馳せた英雄ヴォー・グエン・ザップ将軍、俘虜となったド・カストリ将軍らの、当時のナマの姿が見られるだけで感動だ。今とちがって、映像に対する信頼とその影響力は絶大だったから、映画のプロパガンダ効果は抜群だったにちがいない。ディエンビエンフーこそ、現代ベトナム「はじまり」の地だ。というのは、ここでの勝利によってこそ、インドシナ戦争が終結し、ベトナムの独立が国際的に広く承認されたからだ。「ベトナム民族は一つ」や、「諸民族の団結」などのことばで表現される国民の「つながり」はそれ以来、ことばで、音声で、映像で、繰り返し政府により喧伝され続け、またもちろん当の戦勝地においては、その後七十年にわたって戦跡が国民の「つながり」のモニュメントとして整備され、創造され続けている。この地で民族を超えたベトナム国民の「つながり」を、国内外の人がともに想像するのだ。

タイチャン国境

ディエンビエンフーからタイチャン国境までは約一時間。盆地を抜け、国境への一本道をのぼっているあいだに、いつしかわれわれの車は長い車列のなかにあった。

タイチャン国境が外国人に広く開放されて間もない二〇〇九年十月、わたしはラオス側から国境越えをした。そのときのことを思い出した。

当時、国境に向かうラオス側の道路は未舗装の箇所も多かったし、沢の水が道路を横切っている箇所もところどころにあった。すれちがった車両は、荷物を大量積載したベトナム行商人のバイク数台だけだった。

草木茂る峠の上に、真新しいイミグレーションの建物がラオス側とベトナム側のそれぞれに立っている。それが国境の景色だった。ルアンナムターから黒タイ、アカ、モンなどの村を訪ねながら何日もかけてわたしを連れてきてくれたガイドのサイ君、運転手のブンユーさんにお別れを言って出国審査を済ませると、ベトナム側のイミグレーションへと青空の下を歩いた。

あとでも繰り返し登場するサイ君とブンユーさんを紹介しておこう。

ルアンナムターで旅行会社を経営していてエスニック・ツーリズム、トレッキング、カヤックの川下りなどを企画し、ガイドもこなすサイ君とは、そのときすでに二年以上のつきあいがあった。二〇〇八年ごろ、ラオス側にある黒タイの村をしらみつぶしに訪ねることを思い立ったわたしに、当時ルアンナムター近辺で農学や人類学の調査をしていた日本人研究者らが、彼を紹介してくれたのだ。彼自身がラオス北部にあるナーモーの黒タイの村出身なので、黒タイ語でガイドしてくれるからわたしには助かる。真面目で、控えめで、かといって堅物ではないので、彼とは気が置けない仲だ。

そのサイ君がガイドで遠出する際、いつも運転手をつとめた絶好の相棒が赤タイのブンユーさんだった。気配りの細かい人で、訪問先の村人たちを楽しませる語りのうまさをもち合わせている。現在は運転手は退いている。

さて、ベトナムの大きな審査カウンターのなかには、公安が一人だった。しかつめ顔でわたしの日本のパスポートをチェックしながら、難癖をつけるように尋ねた。

「通行願は?」

「ハノイで公安の幹部に尋ねたら、パスポート以外不要と言っていましたけど」とウソっぱちを言ってから「でも、アニキの力でなんとかならない？」と気安く頼んでみた。短い沈黙のあと、

「次は気をつけろよ」と、ハンコを押してくれた。ちょっと脅して袖の下をとる魂胆だったのを引っ込めたのかもしれない。

手続きが済んで外に出ると、サイ君と運転手のブンユーさんがベトナム側にまで入りこみ、わたしをお見送りしようとスタンバっていた。せっかくなので公安のアニキに、三人の記念写真の撮影を頼んだら、厳しい表情を崩さないまま戸外にまで出てきて、国境のゲートをバックに撮ってくれた。エバりながらもそういうかわいらしさがある。それがベトナムだ。

ベトナム側の待機場では、長年のつきあいになる運転手のタンさんが車を停めて待っていた。

タイチャン国境のベトナム側イミグレーションオフィス（2019年）

それが十年半前。今回はベトナムからラオスへと国境を越えるのだ。かつてタンさんの車一台しか停まっていなかった広い待機場に、今は大型トラック、乗用車、バイクが列をなし渋滞している。

待機場の手前で下車し、ハノイからわたしたちを連れてきてくれた運転手に、お礼とお別れの挨拶をした。まずはベトナム側のイミグレーションで出国手続きだ。

「マサオさん！」

後ろからよびかけるサイ君の声がする。約束どおり、迎えに来てくれたのだ。というより、またしても黙って国境を越え、ベトナム側に入り込んでいる。国境のあいかわらずのゆるさに、なんだかホッとした。

ラオスへの入国審査がはじまるのを待つあいだ、わたしは付近の森から建物のまわりに集まってきている虫を見て楽しんでいた。

壁の上の方に、大きな茶色いクツワムシがいる。サイ君に黒タイ語でなんてよぶのか尋ねた。

「マイン・モイ・ヌー。触覚がネズミのヒゲ（モイ・ヌー）みたいだからね」

ラオスではこいつが鳴くと雨が降るという。

鳴くようすはない。村の道が雨でぬかるむと、歩くのに難儀するからありがたい。

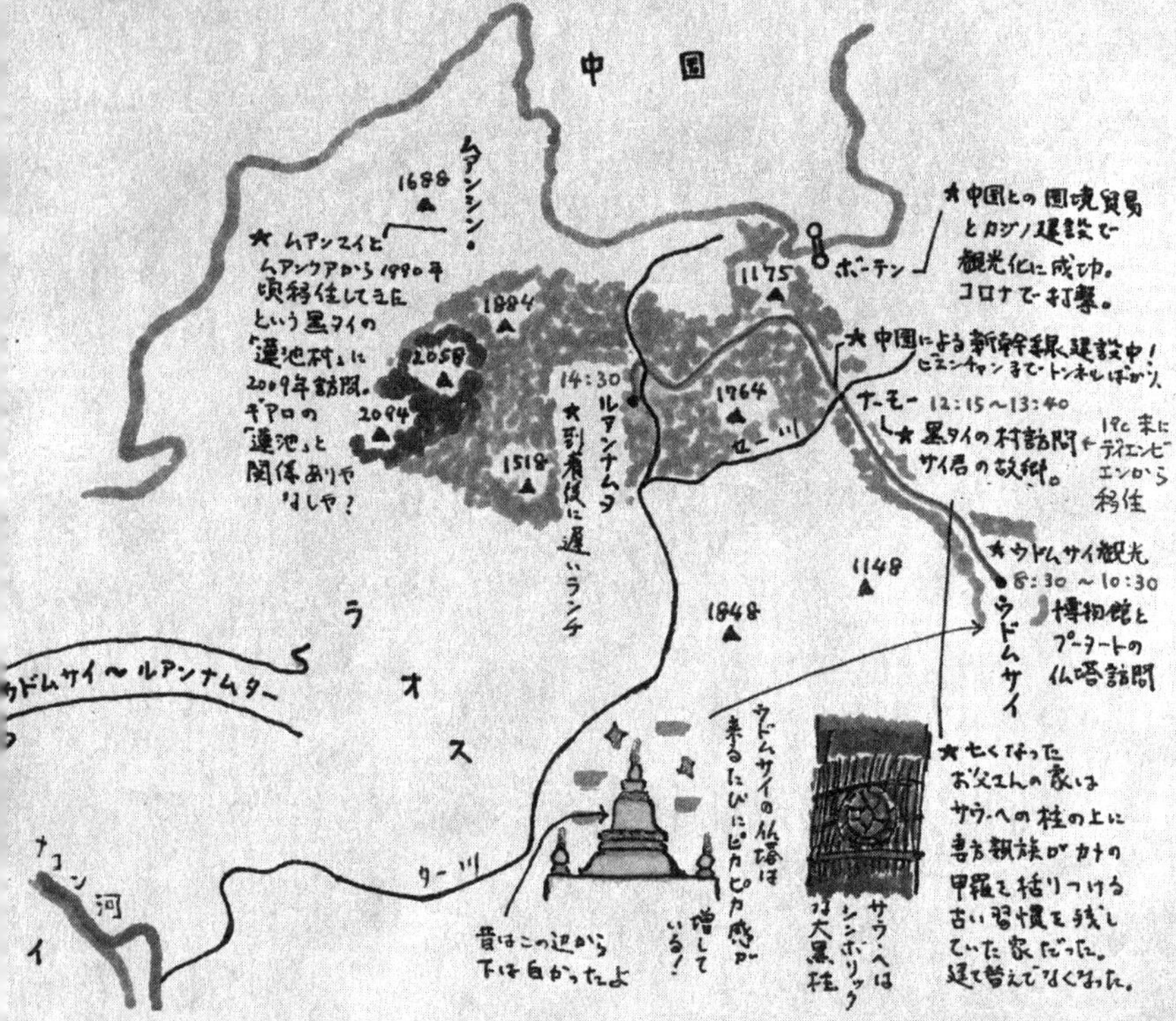

中国
ムアンシン
1688
★ムアンマイとムアンクアから1990年頃移住してきたという黒タイの「蓮池村」に2009年訪問。ギアロの「蓮池」と関係ありやなしや？
1884
2058
2094
1518
14:30 ルアンナムタ
★到着後に遅いランチ
1175
ボーテン
★中国との国境貿易とカジノ建設で観光化に成功。コロナで打撃。
★中国による新幹線建設中！ビエンチャンまでトンネルばかり。
1764
セー川
ナーモー 12:15〜13:40
★黒タイの村訪問 サイ君の故郷。
19c末にディエンビエンから移住
1148
1848
★ウドムサイ観光 8:30〜10:30
ウドムサイ
博物館とプータートの仏塔訪問
ウドムサイ〜ルアンナムター
ラオス
ター川
メコン河
タイ
ウドムサイの仏塔は来るたびにピカピカ感が増している！
昔はこの辺から下は白かったよ
サウ・ヘはシンボリックな大黒柱
★亡くなったお父さんの家はサウ・ヘの柱の上に妻方親族がカメの甲羅を括りつける古い習慣を残していた家だった。建て替えでなくなった。

11月28日(木) 22:50 ルアンナムター

朝6時に托鉢僧がホテルの前を通ると聞いていたので5時半に起床。6時から外で待ったが夜も明けていない。なかなか来ないので退散。6時半に来たと、あとで聞いた。

7時に朝食をとり8時半頃出発した。博物館で地域の民族、文化、歴史の解説を受け、プータートの仏塔を詣でてウドムサイをあとにした。

昼すぎにナーモー村を訪ね、ルアンナムターに着いてから14時半頃おそい昼食。黒タイのプン村、ルーのナム・トゥン村を訪ね、ホテルにチェックインしたのは夕方6時。7時半頃ナイトマーケットを訪ねると、以前は小さなステージまであった場所から移動し、路面の屋台通りに変貌していてガッカリ。近くの食堂で8時頃夕食。

9

ひょうたんから人、人のワキにカメのうんち

ນາໝໍ້ ແຂວງອຸດິມໄຊ

前の日の話を、少しだけしておこう。

タイチャン国境からラオスに入国したあとは、ムアンクアで昼食をとり、辻の市場に立ち寄って休憩した以外は道路をひた走った。夕方六時半ごろウドムサイのホテルに着き、一息ついたところでS氏が言った。

「たしかにベトナムとちがってラオスは人が少ないし、すべてゆったりしていますね」

旅行前にわたしがラオスのイメージを、「怒っている人と急いでいる人を見ない国」と形容したのを覚えていたのだろう。さすがに二〇一〇年代にもなると、首都のビエンチャンでは車が激増し、かつてのノホホンさがなくなってきた。とはいえ地方はあいかわらずのんびりしている。

この日は、緑が深いラオス北部の景色を味わいながら、ウドムサイからナーモーの黒タイの村経由でルアンナムターまで一〇〇キロ以上、車で移動するのだ。

盆地の景観

ウドムサイもディエンビエン、トゥアンザオ、ギアロと同じく、山間の盆地にある。国は異なるが景観は似ている。

盆地を埋め尽くす水田、はりめぐらされた水路。付近の村には黒い筒状スカートを身にまとった女性たちがいて、広義のタイ語を話している。地域の生活を支えている市場には、色鮮やかな民族衣装を身にまとった高地民の姿もある。

ベトナム側とで大きく異なっている点は一つ。ラオスだと小高い丘のてっぺんに、黄金《こがね》色の仏塔が天を突いていることだ。上座仏教の国だからで、ウドムサイも例にもれない。

ベトナム西北部だと、丘の上に仏塔はない。黒タイや白タイが仏教化しなかったからだが、少し時代を遡ると、やはり黒タイや白タイにとっても信仰のシンボルとなっている丘が各盆地にあった。

植民地支配から解放され社会主義化する二十世紀半ば以前、そういう丘には生国魂《いくたま》としての「くにの守護霊」が宿っているとされ、禁足地だった。麓には「くにの守護霊」のシンボル、「くにの柱」が立っていた。

メコン支流ウー川沿いにあり、水上交易で発達したムアンクアの船着き場。屋根付きのボートが水上バス（2019年）

カム・チョン先生によると、それは龍とツバメのシンボルがついた木製の円柱だった。龍とツバメというセットは、第七話で紹介した龍ヒメと燕ヒコの契りの話を思い出させる。その柱の近くでタイ族の首領が主催するスイギュウを犠牲にする盛大な祭礼に、人々は歓喜した。

もしかするとそれが仏教化する以前の古い精霊崇拝の姿だったかもしれない。だとすると、こう解釈できる。

ラオスの仏教化は「くにの柱」を仏塔に置きかえた。こうして木の柱が金の塔になると同時に、建てる場所も麓から頂上へとひきあげられ、仏法の力が天のいちばん近いところから遍《あまね》く衆生を照らすようになった。するとかつて禁足地だった神域全体も、俗世を離れた仏僧たちが勤行《ごんぎょう》する聖域へと変わった。俗人たちはそこに来て、癒しと救いを得る。のみならず教育、医療、福祉などのサービスも受け、地域との「つながり」を感じることができるのだ。

全土の仏教化が進んだのは十六世紀だ。一五二七年、ポーティサラート王は守護霊信仰を禁止して、精霊祭祀の祠を壊しまくった。いっぽうで北タイのチェンマイに都をおくランナータイ王国から王の娘を妃に迎え、大量の仏典を運び入れて全国に仏教寺院を建立した。★1 丘の上に仏塔、という景観もそれ以降のものだ。

グラアガア　百万の国の「はじまり」

ラオスにいつ仏教が伝来したのだろうか。

伝説によると、十四世紀に今のルアンパバンを首都とするランサン王国をたてたファーグム王のときだ。

ちなみにランサンとは百万頭のゾウを意味している。タイが「微笑みの国」ならラオスは「森の国」。だが、ゾウ百万頭が住めるほど森だらけ、という意味ではない。宮沢賢治の『オツベルと象』では怒ったゾウたちがグララアガアと咆哮して攻め寄せたものだが、その咆哮百万の戦力を意味している。今のラオス人のおとなしさからは想像しにくいが、戦車百万台という強大な軍事力を誇っていたのだ。

もう一つ補足すると、ラオスが現在まで「森の国」であり続けられたのは、皮肉なことに、ベトナム戦争中の空爆が激しすぎたせいもある。飛散金属断片を含んでいる木が多くて製材に難があること、また不発弾処理が進んでいないことが、森林の伐採を妨げてきたのだ。

さて、ファーグム王の話に戻ろう。第七話に登場した『クンブロム年代記』によると、ディエンビエンのナーノイ村に降臨したクンブロムには、妻が二人、息子が七人だった。その息子たちそれぞれに領地を分けた。長男クンローがムアン・サワー、つまり今のルアンパバンを分封《ぶんぽう》された初代の王で、ファーグム王は第二十三代の後裔だ。

ファーグム王の事績は伝説に満ちている。彼の父が祖父の怒りを買ったからだとか、歯が三十三本生えて生まれた不吉な鬼子だったからだとか、理由はともかく、彼は幼くしてムアン・サワーを追放されメコンを下った。

クメール（カンボジア）のアンコール王宮で僧侶と出会い、クメール王に育てられることになる。聡明で武芸にも秀でた彼は養父からその娘を妻に授かると、兵を率いて力ずくでまつろわぬ者どもを成敗しまくってメコンを遡り、ついに故郷ムアン・サワーで一三五三年、ランサン王国の初代王となった。このとき妻の願いにより、アンコールから高僧を招き仏教化したという。ちなみに王国の領域は、現在の中国雲南省シプソンパンナー、ベトナム西北部、タイ北部も含む広大なものだった[★2]。

とはいえ歴史学の成果は、ファーグム王が生きた十四世紀よりも前に、先住民モンによってこの地域に上座仏教がもたらされていた事実も指摘している。

少し話がそれるが、注意しておきたいのは「モン」としてカナ表記される民族についてだ。このモンは、われわれがムーカンチャイで「お宅訪問」した、高地民のモンとはまったく別の民族で、今のミャンマーやタイの大河下流域を、ビルマ系やタイ系の民族が占める前に先住していた低地民だ。彼らはそこに六世紀には王国を築き、上座仏教を取り入れた。今のルアンパバンあたりにまでその勢力は及んでいたのだ。いっぽう、繰り返しになるが、高地民のモンが中国から南下して東南アジア山地に拡散したのは主に十九世紀だ。

ラオスのオイディプス

ファーグム王は今のラオスへとつながるランサン王国の建国の祖として、正史でも崇められている。そんな偉大な王だが、晩年も幼少期と同じく不遇だった。宮廷内の対立により追放され、現在のタイ北部ナーンで客死したのだ。[★3]

ファーグム王一代の伝承はオイディプス王の話と似ている。どこが似ているのか。精神分析学でおなじみ、エディプス・コンプレックスの元ネタとしても有名なソポクレスの悲劇『オイディプス王』のあらすじをまず説明しよう。

テバイの国王の息子として生まれたオイディプスは、「こやつは父を殺したうえ、周囲の人たちみんなを不幸にするから生かしといちゃダメよ」との神託のために、足を傷つけられて捨てられる。だが偶然のなりゆきから隣国の王に育てられ、すぐれた成長を遂げた。

いっぽう、青年オイディプス自身もまた「父を殺し、母を妻とするだろう」という神託を受け、その運命から逃れるために、育った国を捨て放浪の旅に出る。その途上、見知らぬ男と争い、その男が実父だとはつゆ知らず殺してしまう。

その後、たまたま自分の生国テバイにいたった彼は怪物スフィンクスの謎を解いて民を救ったことから、推されてテバイの国の王となり、未亡人だった先王の妃を妻に迎える。だが、その後、実は彼がテバイの王子だったという出生の秘密が明らかになる。

すべては神託どおりだった。王妃はショックのあまり自殺し、彼も自らの両目を突いてつぶし、国から追放される。

精神分析学でこの物語は、息子による父殺しと近親相姦がメインテーマだ。だがファーグム王の話に、父殺しも近親相姦もない。では、なにが似ているのか。次の三点だ。

まず、神託に基づき追放された身体的に特異な王子だという点、次に、流離放浪ののち英雄として故国の王になる点、最後に、国を追われ死ぬ点だ。

ラオスという国の「はじまり」の王の末路は不幸だった。おとなしく控えめなこの国の人たちが、かすかな影を宿しているように見えるのは、二十世紀の長い内戦の経験のみならず、古い伝承の内面化とも関係があるのかもしれない。

多民族のラオス

ウドムサイでのホテルの朝食はアメリカンスタイルだった。メインはオムレツとハム。ケチャップのビンもちゃんと食卓の上にある。もちろんパンとコーヒーつきだ。

S氏は少し目を見張った。

「ベトナムでこういうアメリカンな食事はなかったですね」

ベトナムの隣国ラオスも社会主義国なのに、アメリカンな朝食が地方の町にもあるから、ベトナムから来るとビックリする。タイの影響が強いせいだろう。

冷戦時代、ベトナムから他の東南アジアの国々がドミノ式に共産化するのを防ぐべく、アメリカはタイに集中投資し、消費文化漬けにして米兵のための保養地もつくった。

いっぽう、ラオスは人口も少なくて資本主義的な娯楽産業が発達しにくいから、情報やエンタメはほとんどタイ国から来るのだ。そのタイ国語もラオス語と同じタイ系でラオス人には簡単だから、ラオス人はふだんタイ国のテレビ番組を見ている。

このままではタイ国に経済も社会ものみこまれてしまいそうに見える。だがそのいっぽうで、ラオスの軍や行政の幹部には、同じ社会主義の隣国ベトナムへの留学組が多い。そのうえ今は中国経済の影響がきわめて大きいのだ。

朝食がすむと、八時ごろホテルをチェックアウトしてプータートの丘にある博物館と仏塔に向かった。

博物館では、サイ君があらかじめ申し込んでおいてくれたガイドの案内を聞くことができた。ウドムサイ県に暮らす主な少数民族の染織の技術や材料について解説してくれた。なにしろウドムサイ県は人口の八〇パーセントが少数民族なのだ。

ラオスの民族数は二〇〇〇年に四十九として公式に発表された。だが民族数がいくつかよりも、まず重要なことは、それぞれが低地ラオ、山腹ラオ、高地ラオという三グループのいずれに分類されるかだ。

低地ラオは高床家屋が並ぶ村に定住し、盆地を灌漑してスイギュウに犂《すき》をひかせて田んぼで米をつくっている。ラオ、ルー、黒タイ、白タイなどタイ族で、モチ米を主食とし、上座仏教徒が多い。ただし黒タイ、白タイは仏教徒ではない。

山腹ラオは谷奥などに村をつくり焼畑を耕している。狩猟や竹細工も得意だ。モン・クメール語系の集団が多く、宗教は精霊崇拝。タイ族が入植する以前からの先住民たちとされ、北部ではコムーがその代表だ。

高地ラオはしばしば土間の家に住み山頂近くに村をつくって、焼畑で米やトウモロコシを主につくっている。これに含まれるのはチベット・ビルマ語系のアカ、モン・ヤオ語系のモンやヤオなど、主に十八世紀以降に中国から移住してきた集団だ。伝統的には精霊崇拝だが、二十世紀からキリスト教化も進んでいる。

このようにラオスでは、盆地か、山腹か、山の上かで住んでいる人たちの言語、移住史、家屋の形態、生業経済、宗教と信仰、食文化などがちがっている。そして人口は低地ラオ、高地ラオ、山腹ラオの順に多い。こうした伝統的な住み分けは、これまでも述べたとおりベトナム西北部にもそのまま当てはまる。

ただし市場経済化以降、ラオスではこうした住み分けが崩れてきた。高地ラオに焼畑耕作をやめさせ定住化させるため、国道沿いの低地への移住を強制したからだ。

いっぽう、ベトナム側ではダム建設に伴う低地からの立ち退き強制はあったにしても、高地民を低地に定住させるための強制移住は少なかった。一九六〇年代にはすでにキン族の西北部への入植がはじまっていて、一九九〇年代には山間部に新しく開拓できる平地がもはや少なかったからだ。

民族みな兄弟

山間部では、なぜ低地に水田をつくる集団と、山地斜面で焼畑をつくる集団とに分かれているのだろうか。たとえば、こんな話がベトナム西北部マイチャウの盆地を占める白タイのあいだに伝わっている。

かつてこの土地の祖先たちは紅河上流域に暮らしていた。だが、人口が増えて土地がなくなったので、新天地をもとめて出帆《しゅっぱん》し紅河を下った。紅河デルタの入り口まできたものの、そこにはキン族やムオンがすでにいた。やむなく今度はダー河を遡り、マイチャウの地への入植を試みた。だが、先住民サーとの衝突がたえなかった。あるとき彼らはサーにこうもちかけた。

マイチャウの盆地風景（2000 年）

「神の意を聞こうではないか。木に吊した石に双方が矢を放ち、矢を石に刺すことができた方がここに住む。それが神の意だ」

かくして射的競争で決着をつけることになった。はたしてサーの勇士の放った矢は石にはじかれて落ちた。しかし白タイの勇士の放った矢は、あら、びっくり！　的《まと》の石にピッタンコ！

実は矢の先にミツロウをつけて細工していたのだった。サーの親分はハメられたとも知らず、聞き分けよく家族と仲間すべてをひきつれ、山へと去って焼畑をして暮らすようになった。★4

同じ話がラオスにもある。たとえば、低地民のラオと中腹に住むコムーとが、ルアンパバンからメコンを少し遡ったウー川との合流点付近にあるタム・ティン洞窟の岩壁に矢を射て競った話だ。その結果、弟のラオが土地の王になり、敗れた兄のコムーは山で焼畑をして暮らすようになったという。ただし、この場合ラオが矢の先に細工してくっつけていたのは、ミツロウではなく糊だった。★5

おもしろいのはこの話が、敗れたコムーのあいだでも伝えられていることだ。だが、この伝承を根拠として「ご先祖さまをだましやがったな。土地を返せ！」と、コムーたちが怒って山から下りてきてラオの村を襲撃した、なんて話は聞かない。まるで達観しているかのように、「ご先祖さまのころから、自分たちはオロカだったんだよね」と、恨むことなく平地民への従属を受け入れているとさえ見える。第十一話でも紹介するように、山腹や高地に住む民族はしばしばある種の自嘲的な話を伝えていて、これもその類型の一つだろう。

もう一つおもしろいことは、コムーが兄でラオが弟、という民族間の兄弟関係だ。第七話で紹介したナーノイ村における人類誕生の神話で、ひょうたんからサーたちが兄として生まれ、そのあと黒タイが生まれたのとそっくりだ。ラオスでも、焼いた鉄の棒先で開けたひょうたんの穴から、黒タイがサーとひっくるめてよぶ民族の一つ、コムーが先にススだらけになって出てきて、そのあと広げた穴からラオが白いまま出てきたと伝えている。

このような「ひょうたんから人」タイプの伝承はラオスにバリエーションが多いが、生まれた順は決まっている。まず山腹ラオ、次に低地ラオ、最後が高地ラオ、またはキン族や漢族の順だ。地域に先住した順に兄弟の順が決まっていて、コムーはかならずラオの兄なのだ。なお、キン族や漢族が登場するのは、商人や職人などとして市や辻などに彼らも入り込んでいたからだ。

「はじまり」の神話のなかには、同じ地域住民としての民族と民族の「つながり」が、その不平等な関係も含めて表現されている。「はじまり」からして不平等なのだから、現在も不平等であたりまえ、と神話はしばしば現状肯定的だ。逆に状況が変われば、その神話は語られなくなるか、改変される。たとえば「ひょうたんから人」タイプの伝承はもはや古老の記憶のなかと、本のなかにしかない。「諸民族の平等」のイデオロギーに抵触するから廃されたのだろう。

カメと人

博物館を出ると丘の頂きにある仏塔を拝み、次の目的地、ナーモーの黒タイの村を目指して出発した。

日が一番高い時刻に到着したから村ではすべてがギラギラ眩しく暑かった。十年前の同じような日にも、わたしはその村を訪ねたことがある。サイ君が自分の生まれ故郷だから、と招待してくれたのだ。

そのときは夕方到着するなり、彼のご両親から熱烈歓迎を受け、あっけなくベロンベロンに酔っ払った。近隣から人が集まり宴会がはじまったとき、わたしはすでに泥酔状態だった。まもなく寝床に運びこまれ、朝まで呻吟《しんぎん》しながらたおれていた。そんなわけで、村でのわたしの評価はボロボロだ。だが、酒豪のS氏にその仇をとってもらうために再訪したのではない。

もとのサイ君の生家には、大黒柱的な意味合いをもつサウ・へという柱の上の方に、竹の網代《あじろ》が巻かれ、そこに木の彫り物が二つついていた。一つは独楽のような形で、もう一つはカメを模した形だった。以来十年を経て、その村でサウ・へにカメの木彫りなどをかける習慣が維持されているかどうかを確認したかったのだ。

サウ・へをめぐる習慣について、説明しよう。ベトナム西北部だと、一九六〇年代に柱の下に礎石を置く家が一般化したが、それ以前は柱を地面に直接差し込んで建てる、掘っ立てだった。その場合、最初に地面に建てる柱がサウ・へだ。しかもその際、家長の妻方の父系親族（ル

サウ・へのカメと呪具

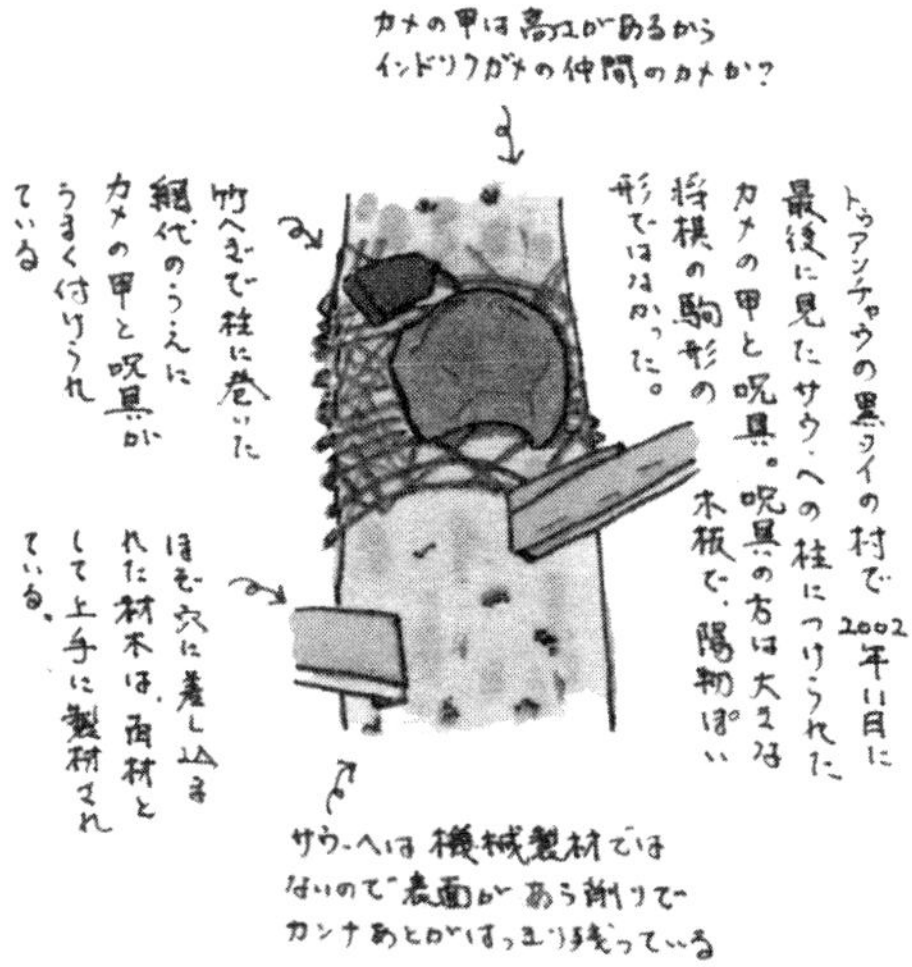

カメの甲は高さがあるから
インドリクガメの仲間のカメか？
トゥアンチャウの黒タイの村で2002年11月に
最後に見たサウ・への柱につけられた
カメの甲と呪具。呪具の方は大きな
将棋の駒形の木板で、陽物っぽい
形ではなかった。
竹へぎで柱に巻いた
網代のうえに
カメの甲と呪具が
うまく付けられ
ている
ほぞ穴に差し込ま
れた材木は、角材と
して上手に製材され
ている。
サウ・へは機械製材では
ないので表面があら削りで
カンナあとがはっきり残っている

ンター）の代表の男性が儀礼をおこない、トーン・チンの葉に稲のモミをくるんだ包みと、綿の種をくるんだ包みを柱の上に吊した。それから竹の網代を巻き、そこにカメの甲や、木で彫った陽物を吊した。

サイ君の生家にあったのもその習慣だ。ただしカメが減って手に入らなかったため、カメの木像で代用したのだ。独楽の形の木彫りは陽物だ。

村に久しぶりに足を踏み入れて、わたしはいきなり景観の変化に驚いた。木造高床家屋ではあるが、モダンな外観の家ばかりになっていたからだ。床上にのぼると、黒タイ家屋に特徴的な、父系の祖霊を祀る小部屋「家霊の間」が奥になおもつくられ、また、「家霊の間」との位置関係から、どの柱がサウ・へか明確に意識されてはいた。ただし、サウ・へになんにもつけられていなかった。

ところで、サウ・への上の方にカメの甲をつける旧習は、カメと人間との神代からの友情を記念したものだ。こんな神話がある。

地上の人間も動物も植物も、すべて天帝テンの創造物だ。

ある日、地上にテンの死が伝えられた。動物たちはみな弔問に向かった。もちろん人間も向かった。

その途中、倒木に行く手を阻まれてカメが立ち往生して困っているのを見つけ、カメを脇に抱えて倒木を越させてやった。

ちなみに人間の脇がくさいのは、このときカメのうんちが脇についたからだ。カメはお礼にこう耳打ちした。

「ホントのこと知ってんだ。テンが死んだってのはウソだよ」

日も雨も山も川もすべてテンの恵みなのに、動物たちはテンの死を悲しまなかった。だが人間だけは精いっぱい慟哭し、テンの死を嘆き悲しんでみせた。だから、人間が地上のすべての動物を食べ、利用し、地上に君臨することになった。また、人間はカメに対する恩を忘れないように、家のなかでいちばん大事な柱の上にカメの甲を置くことに決めた。

いっぽう、テンは自分の死を悼み悲しまなかった動物を打ち据えた。だからフクロウのくちばしは曲がっている。★6

実はベトナム西北部で一九六〇年代くらいまでに建てられた黒タイの家屋は、「カメの甲」型とよばれる形をしていた。たしかに茅葺きの入母屋《いりもや》屋根は上から見ると小判型で、亀の甲羅みたいだ。だが、この形の家も二十一世紀になる前後、建て替えでほぼ姿を消した。

もはや人間はカメへの恩などきれいさっぱり忘れ、カメのうんちの匂いだって消臭スプレーで一発、「プシュッ!」でおわりだ。

カメの行方

ナーモー村を発ち、ルアンナムターに到着してから遅い昼食をとった。夕方までルーや黒タイの村を訪ねてから、夕食の席でカメの話の続きをした。

S氏が尋ねた。

「なぜ、カメがいなくなったんです?」

答えだけ言ってもつまらないので、こんな思い出話からはじめた。

二〇〇〇年四月、先の射的競争の話に出たマイチャウで白タイの村に宿泊したあと、ダー河左岸の

ベトナム側では2000年前後にもう見られなくなっていた「カメの甲」型の黒タイ家屋が、ラオスのフアパン県だと2010年代でもまだちらほらあった(2011年)

深い山中をバイクで走ったときのことだ。とおりすがりのザオの村で茶店に立ち寄った。

茶店といっても民家の軒先に木のテーブルを一つおき、椅子を五、六個並べただけだ。テーブルの中央に皿が一つ。ゆでたアヒルの卵が盛ってある。他にはタバコと駄菓子をちょこっと、農作業を引退したご隠居が売っている。

一個十円ばかりのアヒルの卵がやたらにおいしい。パクパク頬張っていると、風来坊のわたしに興味をもって集まってきた男たちが、バイクの荷台にくくりつけた荷を交互に指さし、なにやら議論しはじめた。ザオ語なのでなにを言っているのかわからない。

どうしたんだ、とベトナム語で尋ねると、一人が口を開いた。

「これ、カメ?」

わたしは土埃やバイクの油で汚れないように大きなビニール袋で包んでいる荷を解き、種明かしすべく中身を取り出して見せた。

「ムーコイだよ」

カメの正体を知って、みな笑った。

ムーコイは緑色のヘルメットだ。今でも農村などでかぶっている男性を見かける。軽くて野良で役に立つからだ。実は厚紙製だから銃弾など来たらひとたまりもない。だが昔から人民軍でもこれをふだん使いしている。たしかにシルエットがカメっぽい。

　男たちはヤバい商人ではないかとわたしを疑っていたのかもしれない。というのは、とっくにカメは捕獲や売買が禁止になっていたからだ。

　カメの甲羅や腹甲を漢方薬にし、肉も食べる中国への輸出向けに、かつてカメはベトナムで乱獲された。西北部でも村人がなけなしのカネのために捕らえて売った。カメは最末端の買取人から仲買人の手へとわたり、最終的にハノイか国境近くの町にでもいる元締めが中国へと輸出した。こうして一九八〇年代にはベトナムからカメが姿を消した。わたしはベトナムの池や川で野生のカメを見たことがない。

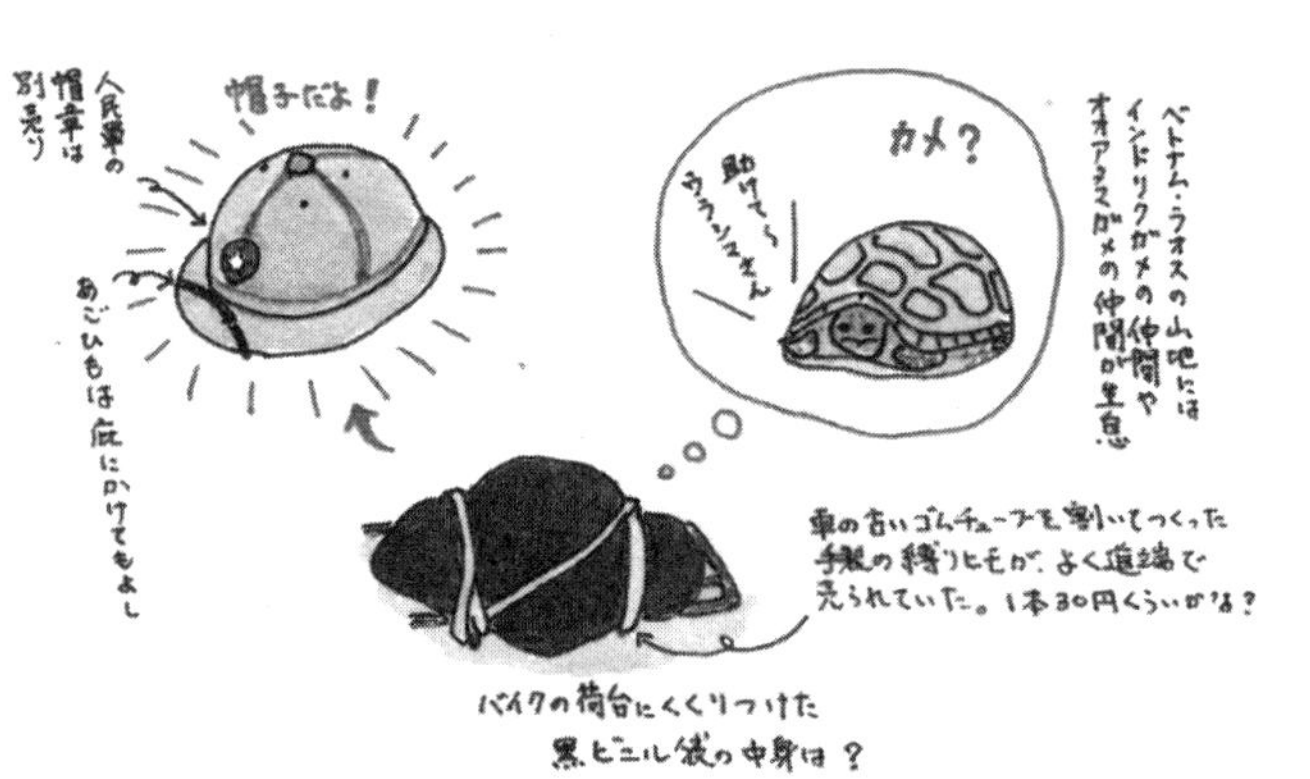
帽子だよ！
人民軍の帽章は別売り
あごひもは庇にかけてもよし
カメ？
助けて〜
ベトナム・ラオスの山地にはインドリクガメの仲間やオオアタマガメの仲間が生息
車の古いゴムチューブを割いてつくった手製の縛りヒモが、よく道端で売られていた。1本30円くらいかな？
バイクの荷台にくくりつけた黒ビニル袋の中身は？

バイクの荷台にくくりつけた帽子ムーコイ

おそらくラオスでも似たことがあって、ナーモー村からもカメがいなくなったのだろう。地域の住人たちがグローバルな経済活動の末端に取り込まれた結果、その地域の自然環境が変わり、資源がなくなり、文化が維持されなくなる現象は、世界中で起きている。黒タイ村落ではその変化のプロセスが、カメとのかかわりにあらわれた。

まず、カメがいなくなり、柱に実物や木偶《でく》のカメを吊す習慣がなくなった。追って、「カメの甲」型の家もなくなった。カメのおかげで人が万物の霊長となれた「はじまり」の神話も、今に誰も思い出さなくなるかもしれない。

カメからオオクワガタへ

全国からカメを集めるための、大都市に頂点があり辺境に底辺があるピラミッド型ネットワークは、カメとともになくなった。と思っていたら二〇〇〇年ごろによみがえった。このとき収奪されたのは昆虫で、なんと行き先は日本！

そのころベトナムでこんなニュースが話題になった。ハノイ近郊の山地でチョウ採集の日本人が警察に拘束されたのだ。集めたチョウの数が万単位だと聞いて驚いた。地域住民を巻き込んで収集したのだろう。

いちばん需要があった昆虫はオオクワガタだった。この場合、虫とり担当の村人も、末端の買い付け人も、どの虫が高値で取引されているのか知らされていなかったから、昆虫という昆虫をとりまくった。仕分けするのは仲買人らだ。村人がバイトで昆虫採集にうつつを抜かすあまり農業放棄、なんてゆゆしき事態に陥って行政が介入した村もあった。

オオクワガタは空輸で日本に送られる。ハノイにいた元締めの一人を、わたしは訪ねたことがある。

本業はバイクの修理屋だった。日本の土蔵にあたるような、独立した六畳一間くらいの狭い小屋へと案内された。電気をつけてなかに入ると、小さなプラスチックケースが何百も積まれている。それぞれに、砕いたサトウキビの芯とともに、オオクワガタが一匹か、つがいで入っているのだ。一匹何千円も儲かる高級品なので、元締めは泥棒に用心し、夜はそこで寝るそうだ。何百ものケースのなかからガサガサ蠢く音を闇のなかで聞きながら朝まで過ごすなんて、元締めもなかなかのタマだと感心した。

オオクワガタは一匹ずつ、身動きできないように普通紙でしっかりくるみ、さらに輪ゴムでとめて仮死状態にする。その紙包み一つ一つを、小さな段ボール箱にぎっしり整頓して並べる。運び屋はそれを機内持ち込みで日本に飛び、業者にわたすのだぞうだ。

もちろんオオクワガタ輸出商売も、コロナ禍のずっと前になくなっただろう。今は今で、スマホを用いた新しいネットワークを通じて、ラオスやベトナムの山地世界ならではの別の産品が、世界で高額取引されているかもしれない。

10

ゴム林とクワ畑

ຫຼວງນໍ້າທາ

ルアンナムター近郊
中国
ラオス
ボーテン
1175
1764
★アカはチベット・ビルマ語系の高地民。子どもいっぱいでにぎやかな村。
ラッカムマイ（アカ）
15:10～16:20
ムアンシンへ
日差しは強く、じりじりと肌が焦がされる暑さ。車が通ると黄色い細かい砂が舞い上がる。これでこそラオス！
★コムはモン・クメール語系で、ラオスでは山腹民に分類。
ナムルアン（コム）
14:25
ソップロラー（モン）
13:30～14:10
★焼畑からゴム林栽培に転換。中国への輸出向け。
野鶏捕りが盛んで村中でオトリ野鶏を飼育。
ター川
吊り橋の対岸はラップムアイ村！
9:50～11:40
ナムディー（レンテン）
ルアンナムター
出発 9:00
ヴィエンヌア村（ユアン）
18:00
★民族舞踊を見て夕食。
メコン河へ
★竹紙作りと染織について村長自らが解説。
レンテンはベトナムではザオの下位集団として分類。ラオスではヤオ（ザオ、ミエン）は織り、レンテンは刺繍が得意とされる。「豆敷」も売っていた。
★「豆敷《まめしき》」とは？

11月29日（金）23:15　ルアンナムター

7時起床。ホテル前にある市場でリュウガンを買って食べると甘くておいしかった。朝食は町のレストランで食べてから、山地民の村へと向かった。午前中はレンテンの村。昼食のあとモン、コム、アカの村を訪ねた。

夕方に一度ホテルに戻り、6時にユアンの村で鎮魂儀礼を見て食事した。料理もおいしかったが、踊り手の女性たちにふるまわれた米焼酎に少し酔った。外に出ると満天の星空。流星も見えた。

ルアンナムターでの布づくり

ルアンナムター二日目のこの日、私たちの目的は、その盆地の内と外に住む民族の村をいくつも訪ね、高度別に住み分けている民族ごとの暮らしと文化の現状を見ることだ。

「ラオスの染織が見たい」とS氏からこの旅の話をもちかけられたとき、すぐに頭に思い浮かんだのが、このルアンナムターだった。ここならサイ君に頼めば、低地ラオ、山腹ラオ、高地ラオそれぞれの民族の村の染織を見るくらいおやすいご用だ。それに谷由起子さんもいる。

谷さんは市街地に近い黒タイの村に工房を構えていた。そこを拠点にして、糸紡ぎ、染め、刺繡、織りの高い技術をもつ人たちによる手づくり布をプロデュースしていたのだ。

自然な風合いを大切にした彼女の布はエキゾチックでおしゃれで実用的なので、日本にも熱烈なファンが多い。また営利の追求だけに走らず土地の伝統を尊重する彼女の姿勢は、地域の伝統の維持と郷土愛の育成につながっていた。

黒タイの染織物はベトナムでもラオスでも有名だが、二〇〇〇年に彼女が黒タイの村に入り込んだのは偶然だったのかもしれない。とはいえ村への愛着が増せば村人たちの来し方行く末に無関心ではいられなくなる。そんな彼女の黒タイの人々との深い「つながり」を知って、彼女との交流がはじまった。

村の工房にうかがったこともあるし、利便至上主義の生活にクエスチョンを投げかける小林和人さんの審美眼が光る、吉祥寺の生活雑貨ショップ「OUTBOUND《アウトバウンド》」で彼女が展示販売する際には、布づくりの現場を紹介するトークイベントにゲストとして四回お招きいただいた。

二〇一三年にルアンナムターを訪ねた際には、谷さんが養蚕の継承に力を注いでいる黒タイのプン村で、クワの葉摘みも手伝わせてもらった。S氏も村でなにかの作業に参加できたらきっと旅のよい思い出になる。そんな期待から谷さんに連絡してみた。

だが、その返答にビックリ！

なんとわれわれがルアンナムターを訪れるころには彼女は工房を畳み、すでにラオスから撤退しているというのだ。おそらく人件費の高騰と、染織技術の後継者不足が大きな理由だろう。

谷さんが工房を建てたころ、ルアンナムターは貧しい国ラオスの最北辺にある小さな町にすぎなかった。しかし中国のラオスへの経済進出とともに、中国との玄関口として急速に発展しはじめた。山岳部に住む高地民でさえ焼畑を縮小してゴム林へと土地利用を転換し、現金が不可欠な暮らしに順応しているわけだから、町に近い村ともなると、いわずもがな。当然、布づくりの協力者たちへの賃金もどんどんあがっている。

他方、布づくりの高い技術をもつ人たちが高齢化し、次々と亡くなっていく。後継者の育成に彼女自身もつとめてきたとはいえ、かつて学校にも行かず、村の日常のなかで長い時間をかけて身につけた今のいちばん上の世代の人たちの技術と営みを、十分に受け継げる人はもはや少ない。世の中が変わったのだ。みな学校に行かなくてはならない。町にも出る。お金も必要だ。外からのモノと情報の洪水のなかにいる。

商品の値段を上げ、質を下げてまで布づくりにかかわっていくことに、彼女自身が納得できなかったのかもしれない。思い切りよく商売を畳んだ。彼女の勇気と決断力に驚嘆し、感心した。

ソメモノイモ掘り

この日の朝は、高地ラオに分類されるレンテンの村をまず訪ねた。

ルアンナムターのレンテンというと、谷さんの大事な仕事仲間だったワンさんを思い出す。谷さんにとって彼女は親友か家族のような存在だっただろう。いつも山行きの民族衣装に身をつつんだ小柄な女性だが、芯が強くまじめな人柄と、はにかみがちの優しい笑顔が印象的だった。

谷さんがワンさんの村に行くのに同行させてもらったことがある。谷さんが集会所で商品の買いつけの話などをしているあいだ、ワンさんが染色に用いるソメモノイモを掘りに行くのにわたしはついて行った。

村の坂下にある小さな田んぼと休耕地が混在する窪地は狭く、ほんの数百メートル先で山裾につきあたる。そこから鉈《なた》を片手に焼畑跡地のヤブと再生林に覆われた低い山に入り、ソメモノイモを掘り出すのだ。

だがこの散策でもっとも思い出深いのは、ソメモノイモ掘りそのものではない。虫だ。

レンテンの村落風景。伝統的な茅葺きの土間の家が立っている（2013 年　ルアンナムター）

田んぼのあいだの細い畦《あぜ》を歩いていたとき、ワンさんの肩越し前方にコガネムシが落ちているのが見えた。ツノはなく、やや扁平な背が鈍く黒光りしている。どんな虫だろう……。

ワクワクしながら近づいた。もう少し、と思った矢先、ワンさんが先に虫をヒョイとつまみ上げた！ そして彼女は藍染の上着の裾で虫の背をこすって汚れをはらうと、なんと上着のポケットに入れた。

虫は、あとで火であぶるなどして食べたのだろうか。なんとなく遠慮して訊かなかったが、せっかくレンテンの昆虫食について聞くチャンスだったのに、と今でも口惜しい。

レンテンのはじまり、ヤオのはじまり

レンテンとヤオの「はじまり」の神話を、以前にサイ君が話してくれた。

むかしむかし、金持ちの男がいた。一つ屋根の下に、正妻もめかけもいっしょに暮らしていた。

二人の女はおたがい顔をあわせたがらない。だから正妻はいつも家にいて機織《はた》りや刺繡をしている。めかけはいつも田畑に出て野良仕事をした。

やがて男が死んだ。女二人はもういっしょに暮らさなくていい。正妻は山に住み、織りと刺繡を続けた。その子孫がレンテンだ。めかけは平地で水田をつくり続けた。その子孫がヤオだ。

ヤオは言語や衣装などが異なるいくつもの集団に分かれている。ベトナムでもラオスでも民族分類上、レンテンはヤオ（ベトナム北部の発音ではザオ）のなかのグループの一つとされているのだが、どういうわけかラオスではレンテンの独立性が強い。レンテンの「他のヤオとはちがう」という自意識は、この神話のなかにも明らかだ。なにしろ自分たちは正妻の子なんだから、めかけの子らなんかといっしょにしてくれるなというわけだ。

レンテンも含め、ヤオは中国から山伝いに南下してきた高地ラオだ。だが、レンテンは水田がつくれる平地があるところに入植できなかった。レンテンは来るのがちょっと遅かったのだろう。

山地斜面を切り開いて焼畑をつくるほかなかったレンテンは、その生活環境のせいで政治的、社会的に劣位に置かれることもあり、他のヤオに対する妬みと羨望から、自分たちの由緒正しい「はじまり」を語りはじめたのだと解釈している。

ではヤオの「はじまり」の神話を紹介しよう。

中国皇帝パンは、長年にわたってカオ王と争ってきた。ついに皇帝は、宿敵カオの首をとってきた者に自分の娘を与えると告げた。槃瓠《ばんこ》というイヌがこれを聞きつけて、カオ王の陣地に赴きその首を取り皇帝に献上した。皇帝はやむなく約束どおり、姫を槃瓠に与えた。そのイヌと姫とのあいだに生まれた六人の男の子と六人の女の子たちの子孫がヤオだ。なお、姫を嫁がせるとき、皇帝は持参金として所領の半分を槃瓠に与えた。だが、ずるい忠告者に入れ知恵されて、山や丘陵の頂きなど中国人が見向きもしないような土地ばかりを槃瓠に与えた。★1

この神話はレンテンの「はじまり」についてはは語っていない。また人類や天地の「はじまり」にまで遡らない。ヤオの「はじまり」には、天も地もあり、地上に人間もいたことになっている。皇帝を戴く中国だってすでにあった。ヤオが皇帝とカミ（神犬）の子の子孫だと自分たちの「はじまり」を語るのは、中国における自分たちの位置づけが大事だからだろう。つまり、自分たちはその辺の漢族などとは縁もゆかりもないが、彼らの最高位に君臨する天子たる皇帝とは血のつながりがあり、ゆえに正統な権利で中国の山林を開拓し耕作しているのだと自認している。

始祖がイヌだからイヌは食べない、というタブーも、イヌ食を好む漢族と自分たちのちがいを明確に示し、のみならず漢族に対して自分たちの由緒正しさを証明するものだ。

なかには「評皇券牒《ひょうこうけんちょう》」という漢文文書を伝えている一族もいる。これはむかしむかし中国皇帝に下賜《かし》されたという証明書だ。そこには山地の土地開発の許可、税の免除まで明記されている。漢字ばかりでなく、王朝の官吏の衣装を着た人物などの絵もカラーで描かれていて、証明書としての信憑性と効果はともかく、ビジュアル的におもしろい。文書管理に基づく官僚制が徹底している中国で、口頭による伝承のみだと心もとない。皇帝との「つながり」や自分たちの権利を証明する文書がどうしても必要だったのだろう。

まめしきとレンテン

サイ君が案内してくれたレンテンの村は、ワンさんの村ではなく、滝へのトレッキングなどもできる観光地、ナムディー村だった。

まず竹の繊維による紙づくりや糸紡ぎの現場を見た。村の広場では、わたしたちの来訪を知った村人が集まり、手づくりの布を陳列し販売しはじめた。反物などとともに、豆敷《まめしき》も売っていた。

「これ、まめしきっていうんですよ」

S氏に幾枚かを手わたすと、その手触りやデザインを吟味しながらちょっと不思議そうに尋ねた。

「これって伝統的なものですか」

豆敷は谷さん考案のものだ。つくり手が思いのままにオリジナルな図柄を刺繍した、一辺十センチほどの正方形の藍染めの敷布で、コースターとして用いる人が多いだろう。コースターなら谷さんの考案だなんて大げさな、なんてイチャモンはいけない。谷さんが来るまでルアンナムターにそんなものはなかったし、豆敷と名づけたのも谷さんだ。しかもその生産が定着するまでにはかなりの苦労があったからだ。

広場にゴザを敷いて陳列販売される手づくり布のなかに、
「谷さんの」ではない豆敷もあった（2019 年　ナムディー村）

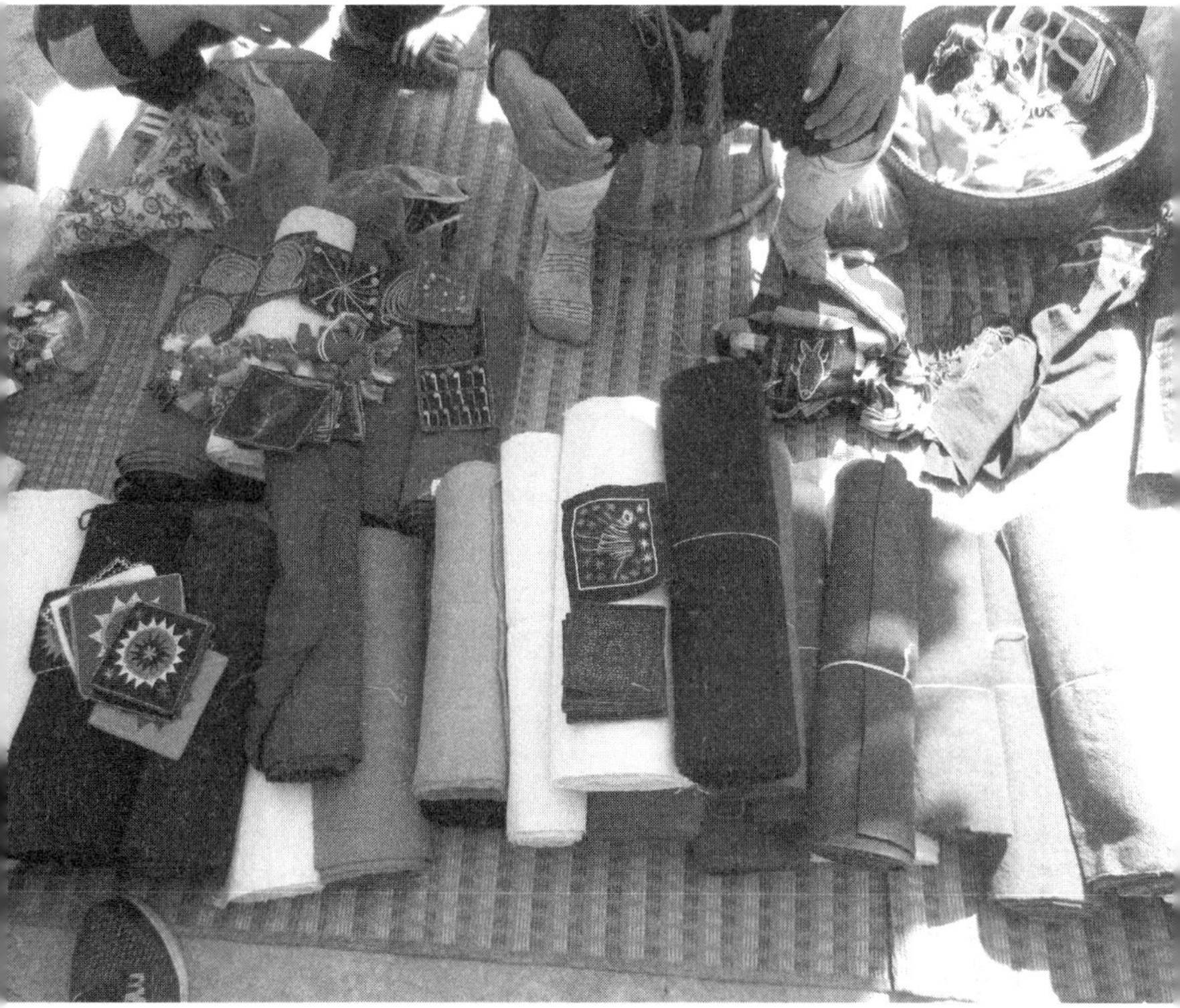

谷さんが最初、レンテンの人たちに豆敷づくりをもちかけたとき、なかなかその用途や必要性を理解してもらえなかった。だが、村の人たちが刺繡で描く想像力豊かなデザイン、実用性、値段の手頃さが日本人の心をひきつけた。よく売れるのがわかると、村人たちもこぞってつくるようになった。

ナムディー村で売られている豆敷は、言ってみればその海賊版だ。縫製も、刺繡も、多くが谷さんの商品の質にはかなわない。それもそのはず、谷さんは村の人がつくった一枚一枚を厳密にチェックし選んで仕入れていたのだから。

現在の資本主義経済システムのもとで、海賊版はもちろんアウト！　だが人間の長い歴史のなかで見ると、外部からもたらされた文化が、海賊版を生み出しながらある地域や民族の文化として根づく現象は、数限りなく繰り返されてきた。そうしたモノが、地域や民族の「つながり」のシンボルとして成長を遂げることもある。

豆敷づくりはワンさんの村から隣接する村へと、民族のちがいを超えて広まったのではなかった。おそらく親族の「つながり」をとおして、距離的には遠い同じレンテンの村へと広まった。この先、豆敷がレンテンの民族雑貨に、あたらしくつけ加わっていくかもしれない。

S氏は嘆息した。

「新しい文化が生まれて土着化していくプロセスを、今まさに見ているんですね」

オトリ猟ブーム到来

レンテンの村を出ると、一度町に戻って昼食をとった。そして午後、またター川沿いに道を北へとのぼり、モン、アカの村を順番に訪ねた。

レンテンのナムディー村と同じく、モンのソップラー村でもかつての焼畑地がゴム林へと変わっていた。村には車道からゴム林のなかの斜面を、一〇〇メートルほどだったか、歩いてのぼる。あたりに焼畑も棚田も見あたらない。中国でのゴム需要の高まりが、はっきりとラオス側のモンの村の景観をかえたのだ。

ゴムの木の樹皮には斜め一直線に刃で筋が刻まれている。その筋のいちばん下に小さい容器がついている。容器にこってりと白くたまった樹液が天然ゴムの原料だ。

村のなかに足を踏み入れて驚いた。こんなに野鶏を飼いまくっている村ははじめてだ！

ちなみに野鶏を家畜化したのがニワトリだ。ベトナムやラオスの山地で飼われている在来のニワトリのなかには、判別が難しいほど野鶏っぽいのがいる。実際に合いの子も多い。放し飼いのニワトリに野鶏が近づき、卵を産ませることも多いからだ。夕方腹を空かせて家のまわりに戻ってきたニワトリたちに飼い主がまくエサを、どさくさに紛れて野鶏がいっしょについばんでいることさえある。

ニワトリと野鶏は近接して暮らしているゆえに、オトリで野鶏をおびき寄せて、銃や罠でとらえるような猟が発達した。村で飼われている野鶏はそのオトリだ。

昨今モンのあいだでオトリ野鶏猟がブームになったのは、次のような理由からだろう。

一つは、猟銃の所持や使用に対する行政の取り締まり強化だ。

かつてはベトナムでもラオスでも、山地だと銃を担いで歩いている男性の姿をよく見かけた。また村のお宅を訪ねたら、柱に猟銃の一つや二つは吊してあったものだ。今は銃を担いで山野を歩いている農民の姿など、まず見ない。

猟銃の取り締まり強化は、動物の乱獲防止、治安維持、事故防止が目的だろう。実際、わたしの身近な黒タイの知人の一人も、子どもによる猟銃の事故で幼い一人息子を失った。彼はいつまでもその悲しみから立ち直れず、飲んだくれてアル中になった。酔って、泣いて、遺影を持ち出して、もう一回泣く。その繰り返しだったから、ついに村中の人に呆れられた。野良に出ず、稼ぎにも出ず、家族や親族にたくさん生活の労苦を負わせ、そんな自分を責め続け、あわれ、早死にした。

話が脱線したが、猟銃使用の取り締まり強化も、モンの野鶏猟がオトリ猟に転じた一因だろうが、このことはモンにとって別の観点からも痛手だったはずだ。というのは、ベトナムでも、ラオスでも、モンは地域の鉄鍛冶を担ってきたからだ。ベトナムの黒タイの村人などは、農具の刃のみならず、猟銃もしばしばモンの村人に注文してつくってもらっていた。銃の需要が減ると、鍛冶によるモンの収入も当然減った。

いっぽうで野鶏の需要は大きく増していた。というのは、野鶏も中国人が買ってくれるからだ。これがオトリ野鶏猟ブームの二つ目の理由だろう。鉄鍛冶による収入が減少した分までオトリ猟で埋め合わせしようとしているのだ。

だがカメの二の舞で、まもなく野鶏も地域から姿を消してしまうかもしれない。というのは、ゴム林に囲まれたモンの村落景観そのものが、ラオスのモンの社会経済が中国経済の強い影響下にある現状を端的に物語っているからだ。ゴム採取者の知らないところでゴムが加工され、中国から工業製品として出荷されていくように、野鶏も大量消費のために捕獲され尽くす怖れがある。

第三話で述べたことの繰り返しになるが、歴史を遡ると、モンがベトナム、ラオス、タイなど東南アジアの高地に環境適応して暮らすようになったのは、主として十九世紀の清朝による弾圧以降だ。中国からのこの巨大難民集団は、怨恨ゆえかもしれないが、意識的に漢族の文化を拒絶してきた。

この文化的レジスタンスの表現は、重なる時期に、やはり中国から移住してきて高地に入植した、レンテンを含むヤオ（ザオ）とは対照的だ。

ヤオは道教を信仰し、自分たちの文字はもたないかわりに漢文の文書をたくさん伝え、儀礼も漢語でおこなってきた。つまりモンとは異なり、ヤオは漢族の文化を積極的に受け入れ、漢族の文化を用いることで、漢族とは異なる自分たちの独自性を漢族に対して主張してきたのだ。だが経済的には、ヤオもモンも等しく再び中国に飲みこまれている。

黒タイの養蚕の村

その夜は、ルアンナムターの盆地のなかにあるユアンの村を訪ねた。

ユアン、またはコンムアンとよばれる人々は、十三世紀末に北タイのチェンマイに

レンテンの儀礼文書は漢字で記され、
ところどころラオス文字でふりがなが振られている
（2013年　ルアンナムター）

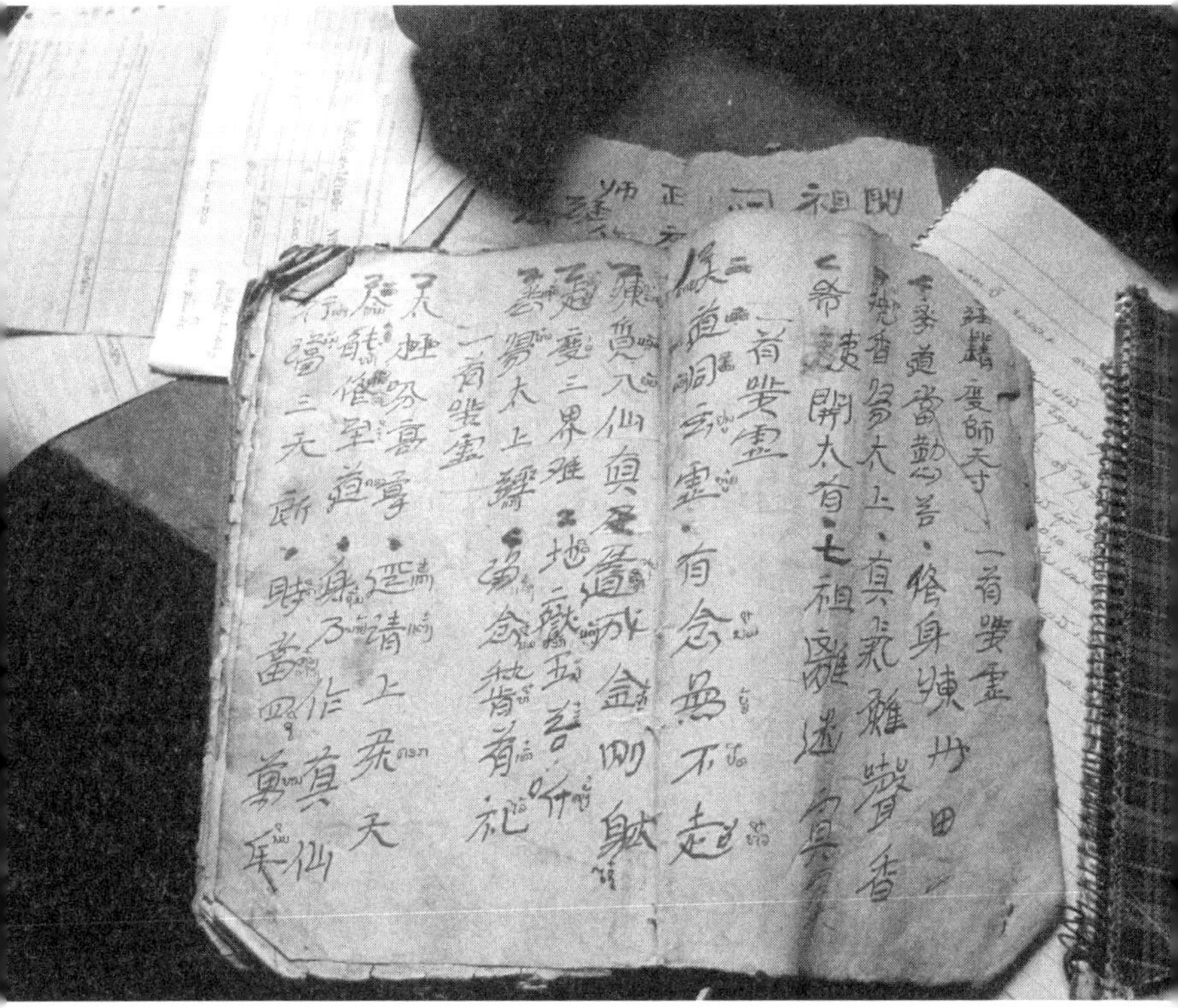

都を置くランナータイ王国を建国したタイ族だ。二十世紀にシャムに併合されるまで六百年も王国を維持していた。ユアンは少数だがラオスにもいる。

民族舞踊を見て民族料理を食べた。さすが王国を築いただけあって舞踊も料理も洗練されている。

モチ米を主食とし、ゆでる、蒸す、炙るなどしてつくるおかずは、ギアロの黒タイのビエンさん宅でごちそうになった食事のレパートリーにも似ているが、器、盛り付けなどの見栄えからして垢抜けている。もちろん舞踊についても、ギアロで見たものよりはるかに様式美が追求されていた。

踊り手たちに勧められて口にしたおちょこ五、六杯の米焼酎の酔いが回ったころ、宴は終わった。戸外に出ると、夜のとばりがすっかりおりていた。家の明かりが届かない暗がりで空を見上げると、満天の星。よこたう天の川にスバルがきらめいている。

幅広い年齢層のユアンの女性踊り手たち
（2019年　ルアンナムター）

たまたま星が一つ流れた。ブンユーさんの運転で、サイ君とルアンパバン県にある黒タイの村を訪ねた帰り道を思い出した。

車を止め、とっぷり日の暮れた野辺で用を足して、ふと空を見上げてみると、降って落ちてきそうなほどの星屑がかぶさっていた。そのときは星が二つ流れた。サイ君も、ブンユーさんも空を見上げていた。

夜風に身を吹かれ、ただ満天の星に抱かれる。そんな何千年、何万年と人が繰り返してきた些末な幸せをかみしめ、車に乗り込んだあと、直接の面識はない職場の大先輩、岩田慶治先生（一九二二－二〇一三）がこんなことを書いていたのをふと思い出した。

「ナム・ターのようなところなら、私は一生涯住んでもいい」と、私は帰りぎわに寄った町の牧師ホールさんにいったものである。ホールさんは一瞬とまどっていたようだが、それが私の実感であった。★2

岩田先生のこの感想は、同じくルアンナムターのプン村に一晩泊まった翌朝のものだ。

実は前の日の夕方、わたしはS氏をプン村にぷらっとお連れしていた。それはこの文章を覚えていたからだ。また、わたしが村の人たちとクワの葉を摘んだのもプン村だった。

プン村には蚕の種類が多く、また古くから養蚕が盛んな村としてルアンナムターでも有名だった。谷さんはその村で、すでに使われなくなっていた木造平屋建ての小さな校舎を借り受けて蚕室《さんしつ》と作業場をつくり、養蚕を支援するとともに、商品の材料となる絹糸を調達したのだった。

余談だが、わたしがプン村を最初に訪ねた二〇一三年、大学の卒業旅行で諸国遍歴行脚中だったプロボクサーの徳山正一君が、数日前からプン村で手伝いをはじめていた。わたしが着いたころには、クワの葉摘みも、蚕の食餌の世話もすっかり板についていて、彼の蚕にむける慈愛のまなざしは村の娘たちをも参らせていた。

岩田先生のラオス訪問は、さらに半世紀あまり遡る一九五七年だった。それはちょうど、インドシナ戦争が終結しラオス内戦が勃発するまでの、アメリカの支援を受けたルアンパバン王国政府による短い安定期（一九五四－一九五九）にあたっていた。

二〇一三年三月に逝去されたあと、先生がプン村で撮影した写真を確認する機会があった。写真には、今はもう残っていない、紛れもなく黒タイの伝統的な「カメの甲」

型の家が立ち並ぶ景観が写っている。またター川のむこう岸にはクワ畑が広がってい て、当時も養蚕が盛んだったようすがうかがえた。文化や伝統として強く意識されるものではなく、淡々と日常のなかで受け継がれる手仕事の姿だ。

先生が黒タイの村でも感じたと語る、東南アジアに暮らす人たちに対して感じるごく自然な断ちがたい親近感とは、いったいなにに由来するのだろうか。その親近感はわたしも身をもって知っているつもりだが、六十年以上前に先生が撮られた白黒写真を見ていると、後年アニミズムの思想へと昇華した岩田民族学の出発点は、そういうごく素朴な印象の解明にある気がした。

プン村からの民族学

プン村に足跡を残している偉大な民族学者が他にもいる。

ピエール＝ベルナール・ラフォン（一九二六-二〇〇八）。彼はインドシナ戦争中の一九五三年にフランス極東学院ハノイ支部に赴任した。一九五六年からビエンチャン支部長になり、ちょうど岩田先生と重なる時期にもプン村に足を運んでいた。

ベトナムとラオスのタイ族に関するラフォンの業績は多い。ベトナムのギアロでも

調査をして、黒タイの親族と伝承に関する論文をフランス語で書いている。★3

二〇一〇年にパリで、パリ伝道教会本部を訪れた際のことを思い出した。応対してくれた女性が、彼がベトナムおよびラオスで収集した未整理の遺品資料を厚意で見せてくださった。案の定、黒タイ文字の資料も含まれていたから写真を撮らせてもらった。

すっかり忘れていたその資料のことを、岩田先生のプン村での写真を見てふと思い出した。改めてラフォンが黒タイ語資料を収集した場所を確認してみると……なんとプン村ではないか！

彼はノート二冊を収集していた。一つは、冠婚葬祭、農業の種まきと収穫、出立《しゅったつ》の日取りなどを決めるために、祈禱師が日相を見る暦の本だ。ノートの扉に「一九五九年収集」のメモ書きがある。もう一つは「ルアンナムターとディエンビエンのお話」と題したノートだった。十九世紀末にディエンビエンからルアンナムターへと移住してきた現地の黒タイの来歴が記されている。手写年月日には、「一九三四年七月十七日」とあった。

それにしても、岩田先生が「一生涯住んでもいい」と打ち明けたプン村に、ラフォン（大先生だが、ここまで呼び捨て御免！）とも、谷さんとも、足跡が重なっていたとは！　奇なる縁を感じた。

三人ともがそれぞれに、モノと知の側面から、民族の、そして地域の「つながり」に貢献したのだが、大事なのはみな、よそ者だったことだ。共同体内部の「つながり」は、外部者の視線にさらされ、その働きかけを受けて、新しく開かれ、あるいは強化されるのだ。

ラフォンが収集した黒タイ語のノート。
右上に「プン村」と記されている

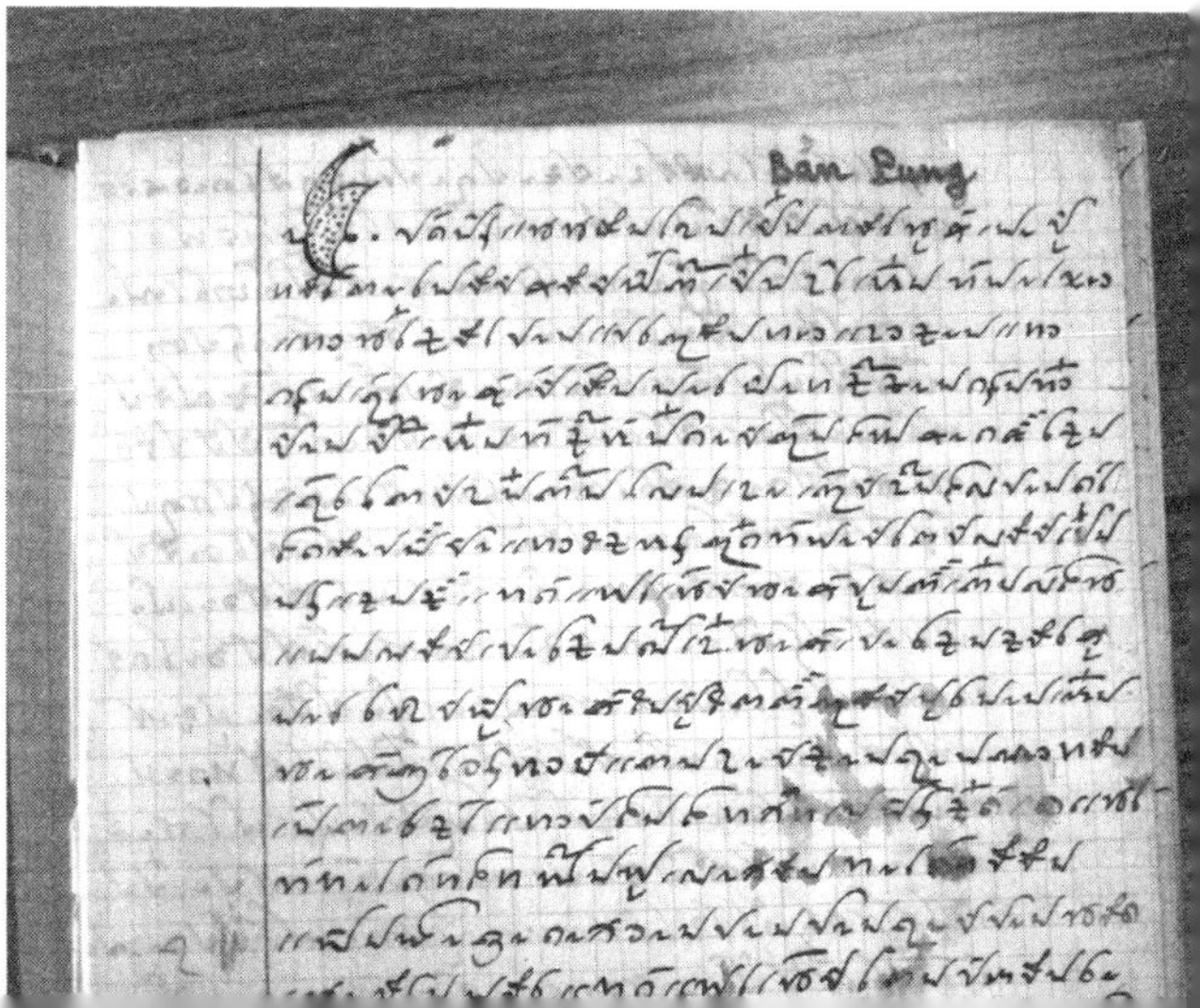

11

声の文化を生きる

ຫຼວງນ້ຳທາ

11月30日（土）　15:30　ラオス航空機内（ルアンナムター発ビエンチャン行）

7時半起床。まず市場をうろつき、朝食はカオピアックを食べた。そのあと赤タイのフィエンガム村で染織作業を見た。ホテルは12時にチェックアウトし、空港に行く途中のレストランに寄った。敷地は広く、ペタンク（鉄球を地面に投げ転がすフランス発祥の遊び）のコートもあった。大きな池にはテラピアが群れていた。食事中にサイ君に電話があり、フライトが一時間遅れの15:15発になると知らされた。15時頃、空港でサイ君とお別れ。

今、ビエンチャンに向かう機内にいる。眼下に豊かな緑。そのあいだをダイナミックに蛇行するメコンの水面が切れ切れにきらめいている。

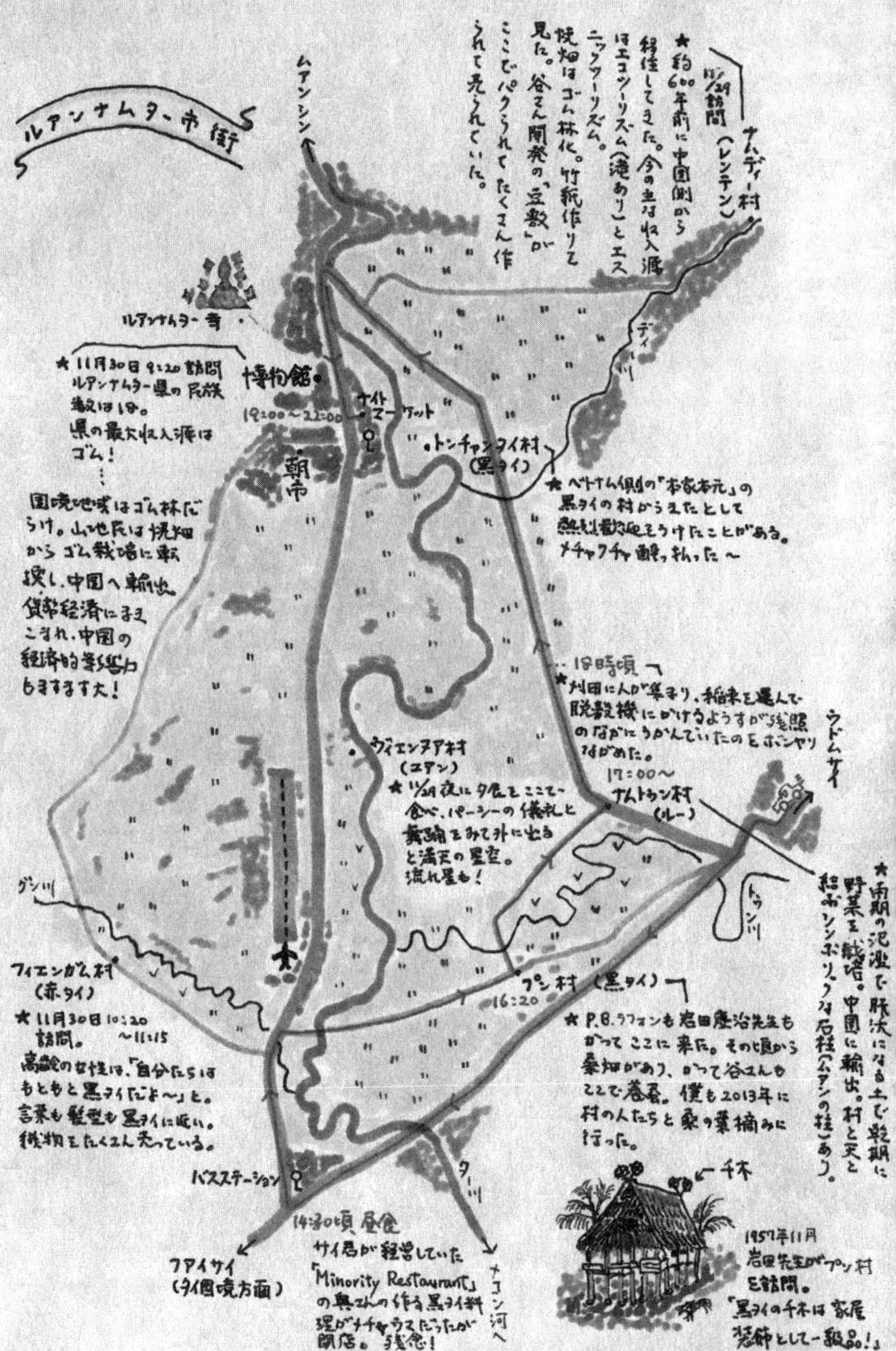
ルアンナムター市街
ムアンシン
ルアンナムター寺
★11月30日 9:20 訪問
ルアンナムター県の民族数は18。
県の最大収入源はゴム！
…
国境地域はゴム林だらけ。山地民は焼畑からゴム栽培に転換し、中国へ輸出。
貨幣経済にまきこまれ、中国の経済的影響力もますます大！
博物館
ナイトマーケット
19:00〜22:00
朝市
ナムディー村
（レンテン）
12/29訪問
★約600年前に中国側から移住してきた。今の主な収入源はエコツーリズム（滝あり）とエスニックツーリズム。
焼畑はゴム林化。竹紙作りも見た。谷さん開発の「豆数」がここでつくられてたくさん作られて売られていた。
ディー川
トンチャンタイ村
（黒タイ）
★ベトナム側の「本家本元」の黒タイの村から来たとして熱烈歓迎をうけたことがある。
メチャクチャ酔っぱらった〜
18時頃
★刈田に人が集まり、稲束を運んで脱穀機にかけるようすが残照のなかにうかんでいたのをボンヤリながめた。
ウドムサイ
ヴィエンヌア村
（ユアン）
★12/29夜に夕食をここで食べ、バーシーの儀礼と舞踊をみて外に出ると満天の星空。
流れ星も！
17:00〜
ナムトゥン村
（ルー）
★雨期の氾濫で豚沃になる土で乾期に野菜を栽培。中国に輸出。村と天と結ぶシンボリックな石柱（ムアンの柱）あり。
トゥン川
グン川
フィエンガム村
（赤タイ）
★11月30日 10:20〜11:15 訪問。
高齢の女性は「自分たちはもともと黒タイだよ〜」と。
言葉も髪型も黒タイに近い。
織物をたくさん売っている。
プン村（黒タイ）
16:20
★P.B.ラフォンも岩田慶治先生もかつてここに来た。その頃から桑畑があり、かつて谷さんもここで養蚕。僕も2013年に村の人たちと桑の葉摘みに行った。
千木
1957年11月
岩田先生がプン村を訪問。
「黒タイの千木は家屋装飾として一級品！」
バスステーション
14:30頃 昼食
サイ君が経営していた「Minority Restaurant」の奥さんの作る黒タイ料理がメチャウマだったが閉店。残念！
ター川
フアイサイ
（タイ国境方面）
メコン河へ

「よびあひ」の歌

ハノイから西へ八〇〇〇キロ、国境を越え移動してきた陸路での旅も最終日を迎えた。朝は市場をうろついてリュウガンを買ってつまんだあと、S氏と町中の食堂でカオピアックを食べた。

カオピアックは町のラオス人が朝よく食べる麺料理だ。注文すると、麺と汁が入った大鉢が出てくる。まずコリアンダーやミントなど香草を放りこみ、次にライムを搾り、魚醬もかける。チリソースをくわえてもいい。箸とアルミのレンゲを使い、麺と具材をすくって混ぜたら、完成！

タピオカ粉がまじった米の太麺はぷるぷるで、鶏肉ベースで煮込んだ透明なスープは比較的あっさりだ。香辛料や香草のうまみと刺激が麺にほどよくからんでおいしい。

食べ終わったあと、おもての往来を眺めながらS氏としゃべっていると、女性たち四人のグループにとりかこまれた。

「逆ナンパかな」とささやいたら、S氏が笑った。

足に脚絆《きゃはん》、腰に巻きスカート、Tシャツの上にハッピ型の上着を羽織って、頭にはつばのない被り物をのせている。それら衣装の素地はすべて藍で濃紺に染めた木綿布で、被り物や上着には銀や刺繍で華美な装飾が施されている。銀のイヤリング、ブレスレット、ネックレスまで装着していてなかなかキュート。これがアカの女性たちの民族衣装だ。

四人そろって少女のように小柄で細いが、わたしより年上かもしれない。彼女たちはタカラガイや刺繍で装飾した布製の腕輪を、一つ一つ取り出してテーブルの上に並べて勧める。数字など、商売に最低限必要な英単語は覚えている。

「観光客だとみると、食堂のなかにまで売りに来るんですね」と、S氏が苦笑した。日本でこんな訪問販売をしたら迷惑行為として警察をよばれるだろう。

アカ語を交わし合う女性たちの声は、まるで寄せては返す入り江のさざ波のようだ。商品を一つ一つ吟味するS氏に勧めることばにも、歌うような節がついていた。

観光客に土産物を売るため街に出てきたアカの女性たち
（2009 年　ルアンナムター）

それに気づいたS氏が、英語や日本語に節をつけて歌ってことばを返してみた。彼女たちは歌で応じた。ことばそのものの意味は二の次で、メロディーにのせて感情が交換される。

「ほら、これ、ぜんぶ歌なんですよ」と、S氏が感動して声をうわずらせた。

一説によると、夜這いということばの語源は、恋を打ち明ける即興歌を男女のあいだで交わし合う「よびあひ」だという。日本の古代にあったというそんな習慣は、東南アジアの山地にも広がっている。たとえばモンも、市場などある特定の場所、特定の日時に若い男女が集って互いに歌を歌い合って楽しむ歌垣という「出会い系」の習慣を伝えていて、ベトナムのサパでは観光の目玉の一つにもなっているほどだ。高地民は文字によるコミュニケーションには遠慮がちな反面、声によるコミュニケーションの腕はみがき続けている。声が人と人の「つながり」の技術として、不可欠な役割を果たしてきたのだ。

かくしてラオスの麺屋の店先で、はからずもS氏は豊穣なアカの声の世界に足を踏み入れ、歌って値切って腕飾りをいくつか買った。アカの女性たちは気をよくし、だが勘定がすむと、次の客を求めてあっさり去った。

ご先祖さまはボンヤリさん

むかしむかし、カミさまが「文字をあげるからおいでなさい」と地上の人たちを招いた。カミさまのもとを訪ねたラフはモチをさし出し、アカはスイギュウの皮をさし出し、そのうえに文字を与えてもらった。その帰り道、ラフは空腹のあまり、文字が書いてあるモチを焼いて食べてしまった。アカもやはりスイギュウの皮を細かく裂き、火にかけて料理して食べてしまった。だからラフもアカも文字をもっていない。★1

ラフもアカと同様チベット・ビルマ語系の高地民で、ミャンマーから中国、タイ、ラオス、ベトナムに点々と分布している。どちらも自分たちの文字はない。ベトナムやラオスの高地民は、おしなべて自分たちの文字をもたなかったのだ。第十話で述べたように、ヤオは昔から漢字を使っているが、漢字は漢族からの借り物だから自分たちの文字ではない。

ラフに限らず同様の神話を他の高地民もしばしば語り伝えている。しかも神話のなかでは、盆地で水田をつくっているタイ系民族および商業や交易をおこなっている漢族など、文字をもつ人たちとの対比が強く意識されている。たとえばラフは神話のなかで自分たちが文字をもたない理由に続けて、こんなことも語る。

カミさまは、シャンにはヤシの葉に文字を書いて与えた。
漢族はカミさまのところに遅刻したので、その場では文字をもらえなかった。そのかわりにあとでカミさまは白いカラスを遣わした。カラスはもみ殻や土や灰の上に、足でひっかいて文字を伝えた。だから漢字はカラスの足のひっかきあとみたいなのだ。★2

シャンのみならずタイ系民族は、タラバヤシの葉を乾燥させた貝葉《ばいよう》に仏教の経典を鉄筆で刻んで記してき

新年を祝うラフの村人たち
(2001 年　タイ、チェンマイ県)

た。それにひきかえ、自分らはご先祖さまからしてボンヤリさんだったから文字もない。高地民のそんな自嘲は、平地民たちに支配され、つねに力の差を見せつけられてきた抑圧の歴史ゆえだろう。

だがその反面、誇り高くもある。自分たちは文字を食べたことで、むしろ知を自らの血に変え骨肉に変えた。だから平地民とちがって文字などに頼らなくても、記憶と口伝にすぐれているから大丈夫！　学校なんか行かなくても知恵があるし、なにより自由だ。危険がいっぱいの「野蛮な」森のなかに入っていく勇気もあり、「自然」と「文化」を媒介できるのだと。[★3]

文字文化のなかにどっぷりと浸かっている人たちは、情報伝達における不変性と広汎性の点で、書承は口承に勝ると考えがちだ。いっぽうで口承の文化の人たちは、口承によってこそ知は深く身体化されると見なしている。そのうえで、書承の文化と対峙する文化を生きる自分たちの「つながり」の意識を強くするのだ。

ラフのモチといえば、二〇〇〇年代はじめにタイ北部で、ラフの村をいくつか訪ねたときのことを思い出した。新年の祭礼の直後には、村の守護霊を祀る祠にお供えしていたモチをごちそうになった。こぶし大のちょっといびつな丸モチは、鏡開きの日まで置いた鏡餅のようにカチコチだったから、刃物で表面をそいだり割ったりして、焼くか揚げるかして食べた。味はモチそのもの。おいしかった。

モチといえば、日本人は真っ白のモチを頭に思い浮かべる。だが、赤米や黒米が多いしエゴマも混ぜるから、ラフのモチは黒や褐色のが多かった。そんなことをS氏に語っているうち気になりはじめた。

「そもそもカミさまが文字を書いたモチは白かったのかな。黒かったからご先祖さまは気づかず食べちゃったのかもしれません」

「でもカミさまに黒いモチを差し出して、「これに書いて」ってお願いするかな」

ごもっとも……てなわけで、やっぱりボンヤリさんに決定！

今は赤タイ

昼過ぎには空港に行くことになっていたので、遠出はせずルアンナムターの盆地内にある染織工芸で知られる赤タイのフィエンガム村に行くだけにした。養蚕、紡績、染色、機織りといった手仕事が見学できて、ショップで織物も買える。

ショップの長老格らしい高齢の女性とことばを交わしていると、ことばの訛りを見抜かれ尋ねられた。

「タイ族なの?」

「ベトナムの黒タイの村にいたもんで」とムニャムニャ言ったら、

「うちも黒タイだよ」ときたから、ビックリ。

「赤タイじゃないんですか」

「ここに来る前は黒タイだったんだよ」

どうりで、彼女の髷の結い方といい、ことばの訛りといい、黒タイみたいなわけだ。


帰国後に昔のノートを繰ってみて知った。なんと二〇〇九年十月にわたしはその村を訪ね、食事までごちそうになっていた。十年のあいだに観光地化し、村の景観が変わりすぎていて気がつかなかった。

村の成立についてもノートに記していた。

もともとベトナム西北部に接するラオスのフアパン県サムヌアに村があった。だがベトナム戦争の戦火で移住を余儀なくされ、マー河を遡上してベトナムのディエンビエンに至った。だが、まもなくその土地も捨て一九七一年にここに来たのだと。

赤タイは、少し奇妙なカテゴリーだ。ラオスでは一つの民族としてメジャーだが、わたしの解釈では、寄せ集めのタイ族からなるカテゴリーだ。ファパン県付近のベトナムとの国境周辺にいて、仏教化していないタイ族の集団をひっくるめて、フランス人行政官らがそう呼んだのだろう。それは意外と古く、十九世紀末の民族分布地図や二十世紀初頭の行政資料にはすでに「赤タイ」として確認できる。

赤タイといえば、民族学者のあいだでは、第二次世界大戦中の一九四一年にフランスで刊行された『ランチャインのタイ・デンに関する覚え書き』が有名だ。ファパン県と国境を挟んだベトナム側にあるタインホア省ランチャインの「赤タイ」の言語、物質文化、信仰、芸術、社会制度など、つまりは文化全般を網羅的に記している。赤タイ研究の古典といっていい。

その序文に、赤タイの呼称に関する記述がある。要約すると、「その言語や文化は黒タイに近く、赤タイとよばれる理由ははっきりしない。女性のスカートの裾の織り柄の色からヨーロッパ人がそう名づけたのではないか」[★4]とのことだ。

しかし、わたしは別の見解をとっている。ランチャインとはベトナム語による地名で、タイ族はその土地をムオン・デンとよぶ。デンは「赤」を意味する語と同音だから、この地名をあえて訳せば「赤いくに」だ。

また、現地のタイ語でムオン・デンに住むタイ族のことをタイ・ムオン・デンというが、習慣として「ムオン」の語を略してタイ・デンと縮める。これをフランス人が「赤タイ」とフランス語に訳し、白タイ、黒タイという大集団に対置させたのがそのはじまりだろう。

いずれにせよ、赤タイは黒タイや白タイとはちがって、もともと当人たちによる自称ではない。自ら名のるとすれば、黒タイや白タイ、あるいはそのどちらでもない小集団名がふつうだったのだ。

赤もかっこいい

今ではラオスで赤タイという自称はふつうだ。他称が自称に転じた理由には、おそらくベトナム戦争が大きく関与している。

戦争中フアパン県からシエンクアン県あたりの国境付近には、爆弾が雨あられのように降り注いだ。そのため「赤タイ」の避難民が大量にラオス北部各地へと拡散した。故郷から遠く離れた新天地に彼らが新しい開拓村をつくったとき、近辺に先住していた黒タイや白タイなどと区別するための呼称が赤タイだった。移住者たちはそう名のることで、故郷との「つながり」を意識のなかで保った。いっぽうで故郷にとどまった人たちも、去っていった親族との「つながり」を、やはりこの呼称によって意識したのだろう。

それにしても、なぜ「赤タイ」の故地が米軍の大規模爆撃を受けたのだろうか。大きな理由は、ホーチミン・ルートがそこを通っていたからだ。

南ベトナムへ武器、物資、食料を輸送するためのこの長大な補給路は、森が深いベトナム、ラオス国境の山岳地帯を縫うように続いていた。アメリカ軍はこれを寸断し破壊すべく、またラオスの共産化を妨げるべく爆弾を投下しまくった。

ベトナム戦争という名称には、まるでベトナムだけが戦場だったかのような響きがある。だが、一九六五年から七三年までの八年間に、アメリカがラオスに投下した爆弾だけで約二〇九万トン。これは第二次世界大戦中にアメリカがヨーロッパと太平洋戦線において投下した量にも匹敵する。★5 その量がちょっとピンとこなかったわたしも、国民一人あたり一トンの爆弾が降ったと聞けば「む、む、む……それはヤバい！」と、なんだか納得した。

とはいえ故郷を捨てて離散した「赤タイ」が、ラオス側での方がベトナム側でより多かったのは、爆撃の激しさだけが理由ではなかったかもしれない。ベトナム側とは対照的に、肥沃な未開拓地がラオス側にはまだ多く残っていたから、という人口と土地のバランスも理由として大きそうだ。

思い起こせば一九九八年、わたしは赤タイについて調べるためランチャインを訪ねたものだ。民族に関係なく、会った人たちに片っ端からベトナム語で尋ねてまわった。「赤タイ？　この辺のターイは白タイだよ」とみな笑った。★6 ターイとはベトナムの民族分類における公式の民族名だ。黒タイも白タイもその南側に住むタイ族集団も、ベトナムではこのターイにひっくるめられるのだが、つまり一九九八年当時、ランチャインの地周辺に赤タイを自称する人はいなかった。だが二〇〇〇年代に変化が生じた。そのあたり一帯に住む白タイの人たちが、赤タイとも自称するようになったのだ。

ベトナム人や外国人の研究者が、たくさん現地の古老や知識人のもとを訪ねるようになったことが、その大きな理由だ。彼らがもたらした情報によって、現地の人たちは国境の向こう側に暮らすタイ族の文化や歴史との「つながり」を強く意識するようになった。しかも、その仲間たちが赤タイと名のっているとも知った。

現地の人たちにとって、学者先生たちに知らされたホヤホヤの新知識だっただけに、

マー河下流沿いの白タイの住民は、今は赤タイとも名のる
（1998年　ベトナム、タインホア省）

「赤タイだ」と名のる方が知的でかっこよく思えたのだろう。ベトナム側でも赤タイが増殖しはじめた。ある集団に対する新しい名づけが、新しい「つながり」を生むことがある。

赤タイの話が長くなったが、十年前にフィエンガム村を訪ねた理由は、第八話で簡単に紹介した、サイ君の相棒だった運転手ブンユーさんがフィエンガム村出身だったからだ。彼の個人的な用事につきあって、わたしも村に立ち寄ったのだ。

そのとき彼の親族のお宅に、食事に招かれた。「パット・トン」という十日に一度の祖先にお供えする忌日にあたっていたからだ。スイギュウの生肉を刻んで各種香草や香辛料と和えた「生ラープ」をメインのおかずに、おこわを食べた。

パット・トンは黒タイの習慣だ。白タイなど他のタイ族にはない習慣なので、もともと黒タイだったと聞けば、さもありなん。だが、ショップの長老格の女性は黒タイのアイデンティティももっていたのに対して、村ができた一九七一年にはすでに物心ついていたはずのブンユーさんには、赤タイとしてのアイデンティティしかなかった。このように世代間で民族アイデンティティにブレがあるのも、赤タイの特徴かもしれない。

聖なるコブラの味は?

ラオスではサイ君、ブンユーさんとずいぶんあちこちうろついた。なかでも一番印象深いのがフアパン県のマー河沿いにある黒タイの村を、川下から順番に訪ねた二〇一一年の旅だ。マー河沿いの道路を、ベトナムとの国境にぶちあたるすぐ手前まで行った。

車から下り、遠くから三人で国境の景色を眺めた。わたしは二〇〇二年にハノイからバイクで福田さんとやってきてとおった、山裾に沿ってへばりついたベトナム側の道路を遠目にたどっていた。今思えば、横にいたブンユーさんは国境など意識しなかった少年時代、マー河に沿って森のなかを先の先へとたどり、ディエンビエンまで行き着いたはずだから、わたしとはまったく異なる感懐でもって同じ景色を眺めていたにちがいない。

そのフアパン旅行で、こんなことがあった。

トラもいる深い森が残るフアパン県に入境したころ、いつも沈着冷静なサイ君が不意に声を上げた。

「停めて！」

どうやらただならぬことが起こっている。あわてて体を起こすと、車のフロントガラス越しに、なにやら群青色の長くて大きいヤツが地面に横たわっている。

停車するやいなや二人は外へとび出した。太い木の枝や石を拾って、打つ、投げる、はさみうちを試みる。逃げ場を失ったかにみえた相手は一度身を縮めると、スックと鎌首をもたげた。

コブラだ！

まぎれもない野生のコブラの、命をかけた攻撃姿勢の凛々しさよ！　ホレボレとしてカメラを探る。だがそんなわたしにむけたサイ君のまなざしは語っていた。

「おまえ、なにやってんだよ！」

『合点だ』と心のなかで叫び、わたしも地面の石を手にとるあいだに、コブラは二人の隙をついて路肩から外の茂みへスルスルスル……。ありったけの石と棒を投げつけて追うもむなし。その日の夕食時も、次の日も、サイ君

白っぽく映えて見えるのがラオス国境側ゲート。

正面の山はベトナム。マー河は左手を流れている（2011年）

はブンユーさんと「コブラはうまいのになあ」と繰り返し悔しさをにじませていた。コブラを漬けた焼酎なら、何度か飲んだことがある。苦かった。肉は食べたことがない。トカゲの開き、ニシキヘビの輪切りは焼いて食べたが、生臭さが口に合わなかった。コブラの白身は香ばしいのだろうか。

黒タイは龍と同じ霊性を、コブラに認めている。年代記によると、むかしむかしトゥアンチャウ首領ロ・レットが、黒タイの居住域全域を統一した。歴史学による検証は不十分だが、ベトナムの民族学者らは十四世紀だと主張している。とにかく、いわば黒タイの天下統一を果たした彼に、人々は崇敬をこめて「コブラ」の異名を与えた。★7だが、どんな聖性があろうと血走った男たちの食い意地には負ける。コブラは食べられ、酒に漬けられる。水の精を体にとりこみ、絶倫になるのだ。うおぉぉぉーっ！

それも八年前の思い出だ。

声の文化

昼前にはホテルをチェックアウトし、S氏と空港に向かった。その途中のレストランで食事をしていると、サイ君のケータイに航空機遅延の知らせが入った。

そのままレストランで一時間増しになった待ち時間を費やしているあいだ、S氏に六年前にルアンナムターを去ったときの話をした。

そのときは空港でチェックインを済ませるとすぐにプン村に戻り、養蚕の作業場で村の人たちから食事のもてなしを受けたのだった。ビエンチャンからの飛行機が上空をとおるのを確認してから空港に行けば間に合う。

別れの宴で、酒も入って陽気になった村の女性に求められた。

「あんた、ムオン・ムオイの方から来たんなら『イン・エン』歌ってよ」

「〽笙《しょう》の音《ね》と和す太鼓の響き

花盛りの森に満つ

防人《さきもり》に袖振る妹《いも》らと宴の日……

って、はじまるんですよね。ごめんなさい！　歌えません」

音痴以前に歌詞を覚えていなくては歌えない。文字が読めても、歌一つ歌えないなんてモグリの黒タイではないか！　化けの皮がはがれ、恥ずかしくて冷や汗が出る。ビエンさんなんて即興歌をつくって歌い、楽器もうまく弾きならす。「若いころ、それでブイブイいわしてたんでしょ?」と、かつて酒の席でツッコんでみたら、まんざらでもなさそうだったものだ。

自分たちの文字をもたない高地民が、文字をもつタイ族に対して卑屈になっていることは先に書いたが、実はタイ族のあいだでも文字を知っている人など二十世紀半ばまで限られていた。僧侶、祈禱師、役人など一部の人を除くと、多くが読み書きとは無縁だったのだ。

たしかに黒タイも歌、物語、祈禱書、年代記その他さまざまな文書を自分たちの文字で伝えている。だが、それらを黙読する習慣はなかった。ことばとは音だ。文字を手がかりに自分の記憶を確認しながら声に出し、音にしてことばに変え、自分と他人に聞かせる。彼らの文字は、そういう音読するための文字であって、われわれが本や新聞を読むときのように、目で未知の知識や情報を探す読み方はしない。

カム・チョン先生やビエンさんでさえ、そういう読み方だ。会話は黒タイ語でも、メモをとる際はベトナム語に頭のなかで同時翻訳しながらローマ字表記するのであって、黒タイ文字は用いない。黙読により視覚で効率よく情報処理するための文字ではなく、口に出し、音として耳で聞いて味わうための文字なのだ。その意味で、タイ族だって公教育が普及してそれぞれの国で国民化するまで、ラフ、アカ、モンなどの高地民と同じく、圧倒的に声の文化の住人だった。

出征兵士たちの流行歌

ところで、プン村で『イン・エン』★8というタイトルを耳にしたわたしは、いささか驚き、感動さえしていた。『イン・エン』はかつて首領「コブラ」を輩出したトゥアンチャウ（ムオン・ムオイ）出身の黒タイ詩人ヴオン・チュン氏（一九三六−二〇一二）が、一九六七年にベトナム語と黒タイ語で発表した歌物語で、彼とは親交があったからだ。

一九六〇年代のラオスは、アメリカが支援する王国政府と共産主義者らによる対抗勢力パテト・ラオとのあいだで内戦状態だった。だからアメリカはムチャクチャに爆弾をばらまいたのであり、それも含めてベトナム戦争だ。ホー・チ・ミンの北ベトナムはパテト・ラオを支援し、黒タイ兵士たちをラオスに出征させた。黒タイ語とラオス語は会話できるくらい近いからだ。『イン・エン』は、彼らによってプン村に伝わった。

筋書きはラオスに出征するインと、村で帰りを待つエンの恋の行方だ。

横恋慕する村の長者の息子オアンはエンの両親に求婚を申し出る。しまいには「もうラオスで家族をつくったよ」としたためたインからのニセ手紙をエンの両親に送りつけて説得し、自分との結婚を承諾させる。だが婚礼の前夜、エンは家出してしまう。紆余曲折を経て、結局インとエンの二人は結ばれ、めでたし、めでたし！

当時この作品が出征した者と、彼らの帰りを待つ人の心をどれだけ慰めたか計りしれない。黒タイならだれでも知っている『ソン・チュー・ソン・サオ（恋人よ、さようなら）』『クン・ルーとナン・ウアの恋物語』など恋の歌物語の古典を下敷きにした効果も大きく、黒タイの人々の心をワシづかみにした。

わたしが知るヴォン・チュン氏はトゥアンチャウの町外れの山あいに高床の伝統家屋をかまえ、晴耕雨読の生活をしていた。奥さんも校長先生だったが、息子さんや娘さんもみな学校の先生という地元の名士だった。

二〇〇七年暮れにカム・チョン先生の葬式に参列した彼は、先生の魂をあの世へと道案内するために祈禱師が語り聞かせる弔辞のお粗末さにあきれ果て、遺族にかわって祈禱師に途中解雇を言いわたし、自ら弔辞を代行して先生の魂をあの世へと正しく導いた。わたしは『イン・エン』を歌えない不名誉を回復するために、プン村の人たちにそんな逸話を伝えた。

ヴォン・チュン氏は交通事故のケガから回復できず、前年に亡くなっていた。岩田先生はわたしがプン村を発ったまさにその日、逝去していた。

プン村は暮らしのなかに心地よく文化が蓄積され、よその人を惹きつける磁場だったのだろう。これからもそうであってほしい。

「ビエンさんやクルマ婆さんにお会いできたのは奇跡のようなことでした」

ハノイからの長い旅の終着点で、S氏に旅をそう締めくくっていただけたのはうれしい。

かの地での四半世紀をふりかえれば、いわば「古い」黒タイの人たち、つまり今のベトナムやラオスなんて国はまだなく、自分がベトナム人でもラオス人でもなかった時代のことを、はっきり覚えている人たちとたくさんの時間を過ごせたことは、わたしにとってかけがえのない経験だった。みなそれぞれに強烈に個性的だ。神話が現実の一部だった時代から生きてきた人たちだから、どこかお話のなかの人たちみたいなのかもしれない。

笙や三弦ギターなどの黒タイの伝統楽器。
右奥はビエンさん、その左隣が著者（2000 年　ベトナム、ギアロ）

エピローグ

ベトナムの首都ハノイから西へ、ホアンリエンソン山脈の懐深くに分け入り、ディエンビエンフーからタイチャン国境を越えラオス北部の町ルアンナムターまで、十日間の旅だった。この約八〇〇キロを移動するあいだに、神話の地をいくつも訪ねた。旅のおさらいも含めて、それぞれどのような民族や国民の「つながり」ゆかりの土地だったかを、ざっとふりかえってみよう。

ハノイのホアロー収容所跡は現在のベトナムをつくりあげた愛国心あふれるベトナム共産主義者たちの「つながり」、タンロン城跡はハノイに都をおいた一〇一〇年以来のベトナム国民の「つながり」、ドゥオンラム村は中国からの独立を勝ちとった英雄ゴ・クエンを祀るキン族の「つながり」、ギアリン山はベトナム四千年の歴史の「はじまり」の地だから国民の「つながり」、ギアロは始祖らにまつわる黒タイの「つながり」、ディエンビエンのゾム川源流部はラオス建国の祖の故地だからラオおよびラオス国民の「つながり」、ディエンビエンフーは植民地主義に対する勝利を記念する諸民族の「つながり」……。場所によっては「つながり」の意味はもっと多義的だが、いずれも民族や国民という、共同体の存立にかかわる出来事や人物にゆかりがあることに変わりはない。

ゆかりをめぐる記憶は、口頭で語りつがれたり、儀式のなかで定期的に再現されたり、文字として記録されたり、モニュメントとして物象化されるなどして、世代を超えて伝えられてきた。いっぽうで現在にとって不都合な記憶は、意図的に消し去られてしまうことさえある。ゾム川源流域に、「はじまり」のモニュメント一つなかったように。

「つながり」と分断は表裏一体のものだ。共同体の、いわば端っこは、内外の力が交差するから、とくに引き裂かれたり離れたりし易い。たとえば残留日本兵とその家族が政治と外交に翻弄され、日本とベトナムの国民や親族という共同体の狭間で苦悩しなくてはならなかったのも、また、モンにせよ黒タイにせよ、領域国家の編成や国際情勢とのかかわりから民族分断の憂き目を見たのも、内外の力の作用の結果だった。

この地域における民族の「つながり」と分断を、わたしは生活誌の一部として描いてきた。その際に軸足を置いているのは、クルマ婆がいたような自給的な黒タイ農村だ。だが、「自給的な黒タイ農村」とは、いったいどのようなところだろうか。

たとえばクルマ婆の村は、高い山に囲まれた盆地の縁に立地する五十戸程度の集村だ。住民の全員が黒タイで、水田、焼畑、菜園での収穫、および家畜飼養とわずかな漁、補助的な狩猟と採集で、食料をほぼ自給している。経済レベルはその地域の農村としては平均的で、村の役職者、退役軍人を除くと固定収入がある人はないに等しく、村内の経済格差は小さい。

自給的とはいっても、もちろん村の暮らしは外とのつながりあってのものだ。そのことを、地域の多民族性との関連から説明しよう。

いわゆるベトナム人、主要民族のキン族は新参者だ。一九六〇年代以降の移住者がほとんどで、公務員、商人、技術者などとして、国道沿いと市場周辺の町に集中して住んでいる。商売や公共サービスその他、都市的な生活場面でかかわり合う相手は、たいがいキン族だ。

谷の奥にはコムーの小さい村があり、谷間に水田を開き、斜面で焼畑をつくっている。彼らは籐や竹細工、森林産物をもたらしてくれる。

また高い山の上にはモンやザオの村があって、広範囲に山を焼畑にしている。彼らも森林産物をもたらしてくれるほか、モンには鉄鍛冶を頼むし、ザオには生薬を頼む。

しかし、このような自給的な黒タイ農村なんてものは、一九九〇年代後半にクルマ婆がいたような村での暮らしの経験に基づくわたしのイメージだ。いつまでもそのイメージは通用しない。この四半世紀のあいだに村の暮らしもすっかり変わった。電気、ガス、テレビ、バイクが各家庭にいきわたり、若い人たちは農業から離れ次々と村を去り、村に現金をもたらしている。スマホだってふつうなのだから。

そういえば、薬草師として長年村でたくさんの病人を診てきたクルマ婆にしても、晩年はベトナム語が話せないのに黒タイ語が通じない公立病院に入院し、近代医療の恩恵に浴していたものだ。農村の文化も、経済も、社会も、国家に包摂されている。本書を書くわたしの軸足の置き場など、実はとっくに崩落しているのだ。

変動は、自給的な少数民族の農村だけに起きているのではなかった。S氏とラオスを訪れた際、谷さんはもうルアンナムターにいなかったが、驚いたことに、本書で紹介した小松さんや福田さんもまもなく帰国した。のみならず、ベトナムへの強い興味からハノイに最も長く滞在していた他の日本人たちのあいだでも、生活の転換は進んでいた。

遡ると、一九八〇年代終わりにはじまったベトナムとラオスの市場経済化は、それまで社会全体における共産主義の実現を目指してきた両国の社会秩序を、土台からうち崩した。新しい秩序のかたちを求めて誰もが右往左往し、混沌の熱気がどこにもかしこにも充ち満ちていた一九九〇年代、日本を捨てるような気持ちでその地に自ら飛び込んだ人たちがいた。そして、ともども社会の巨大なうねりに呑みこまれ、眩暈《めまい》のする忘我を経験した。わたし自身もおそらくその一人だったし、他にもそういう人がたくさんいた。

いつしかその人たちも、一人、また一人、と、まるで夢から覚めていくかのように次のステージへと静かに居場所や立場を変えていった。もちろん日本に戻ることを選んだ人もいれば、かの地にとどまることを選んだ人もいる。「濃厚接触あってこその親密さだった前時代最後の思い出」となったこの旅からコロナ禍にかけての時期に、みな次のステージへの移行を果たした気がする。市場経済化による躁的な狂騒を身をもって知っていた日本人たちにとって、一つの時代が終わったのだ。

さて、黒タイの村の人たちとわたしの「つながり」は、これからどうなるのだろうか。

コロナ禍により三年間音信なきあと、わたしは村の若者とのＳＮＳでのやりとりで知った。クルマ婆は旅で最後に会ってほどなく亡くなっていた。予想どおりとはいえ、はっきり知らされると、特別な感慨に浸りたくなる。だが、若者は頓着せず続けざまに訊いてきた。

「次、いつ来んの？　家族みな、いつもマサオおじの話をしてるよ」

泣かせるではないか。

形は変わっても人は「つながり」自体を棄《す》てはしない。新しい「つながり」の世界は、とっくに開けているのだ！

あとがき

神話では、集団による事業が一人の英雄による達成として語られることがある。たとえば本書で紹介した黒タイの「はじまり」の神話も、黒タイの祖先たちによる開拓と移住の足跡をラン・チュオンの一代記としてまとめたものだろう。実は、本書はそんな神話の手法に倣った。

それはこういうことだ。

「プロローグ」にわたしは、「二〇一九年秋の暮れ、ハノイからルアンナムターまで約八〇〇キロ、十日間の旅をした」と書いた。

実際、わたしは本書のスケジュールどおりの旅をした。その旅とは、「ひと、もの、くにのはじまりを探して　陸路で行くベトナム・ラオス」と銘打った民族学研修旅行の引率だった。勤務先の国立民族学博物館の友の会会員と添乗員ら約三十人と、バスでハノイからルアンナムターまで陸路で移動しながら、各地をそぞろ歩いたのだった。

「おや！」と思ったかもしれない。じゃあ、S氏は誰!?

神話の手法に倣ったと言ったのは、まさにこの点だ。旅行に参加されたメンバー全員を、S氏として個人化したのだ。研修旅行に参加した読者は、S氏が登場する本書のどこかの場面で、どなたかのことを思い浮かべたかもしれない。S氏には何人ものがコラージュされているのだ。

ネタバラシを、もう一つ。「S」についてだ。

「プロローグ」冒頭にS氏の紹介をした。五十年近くも民族学を社会的に支援してきた、と紹介したその事業内容とは、公益財団法人千里文化財団の事業内容そのものだ。そう、Sは千里文化財団の頭文字だ。

本書はメディアプラットホーム「note」の左右社のページで二十四回にわたってウェブ連載した「はじまりとつながりのベトナム ラオス」（二〇二二年三月〜二〇二三年十二月）を、改稿したものだ。しかし、十一回分の食に関するコラムについては割愛した。でも安心してほしい。改めて別の本をつくりたいので、乞うご期待！

とまれかくまれ、四年がかりでやっと本書を完成できた。その間、たくさんの方々のご協力が心の支えになった。本文中に名前をあげられなかった幾人かに、ここでお礼を伝えたい。

まず、旅では、松本知子さん（千里文化財団）、川崎洋一さん（風の旅行社）、旅行参加者のみなさんに、帰路のビエンチャンでは松島陽子さんに、かなりのお世話になった。佐藤善秀さんは、写真提供をしてくださった。また、書籍製作では、前著書『殴り合いの文化史』を担当してくださった守屋佳奈子さんと小柳学社長がまず背中を押してくださって、脇山妙子さん、および梅原志歩さんが編集実務に多大な労を割いてくださった。文筆家の佐伯誠さんの激励も嬉しくて力になった。装丁の矢萩多聞さんと、校正の本望和人さんのおかげですばらしい本としてできあがり、そのうえ尊敬する池澤夏樹先生からご推薦のお言葉をいただけたのは至上の喜びだ。心よりお礼申し上げたい。

ベトナムにも、ラオスにも、日本にも、お礼を申し上げたい人が何人もいる。だが、それは個別にお伝えすることにして、締めは、四半世紀あまりわたしの活動を見守ってくれた妻、祐子に感謝の言葉で、「ありがとう」

最後にもう一度、みなさん、ありがとうございました。先に逝って会えない人たちにも。

巻末注

参考文献（296ページ）に基づく注は、「著者名　出版年：ページ数」で記した。

第1話

★1 司馬 1973：64　★2 小松 2004　★3 小松 2020：23—37

★4 古田 2020：217　★5 小松 2020：136—137

第2話

★1 櫻井 1999a：269　★2 桜井 1999b：187—189、八尾 1999：350—351

★3 宇野 1990

第3話

★1 小倉 1997：49—50　★2 加藤 2013　★3 大西 1999a：285—289

★4 小川 2006：17　★5 Tổng cục Thống kê (biên soạn) 2000：43　★6 大西 1999b：29

★7 今井 2012　★8 Tổng cục Thống kê (biên soạn) 2000：21　★9 小倉 1997：31—33

★10 桜井 1995：25　★11 http://www.didulich.net/gia-tri-lich-su/den-tho-va-lang-mo-vua-ngo-quyen-o-que-huong-22858

★12 西村 2012：23—25　★13 大林 1991：100　★14 宇野 1999：69—70

第4話

★1 番組名は「西北部の春祭り／Tây Bắc mùa xuân về/Spring Festival of Northwest」

★2 樫永 2002：69—70

★3 https://www.mofa.go.jp/mofaj/area/laos/data.html　外務省ＨＰ「ラオス人民共和国（Lao People's Democratic Republic）基礎データ」

★4 岡田 2012：12

第5話

★1 トー・ホアイ 1962：44—45

第6話

★1 竹内 1999　★2 竹内 1999：35　★3 谷口 2005：102

★4 谷口 2005：106—107　★5 Boudet 1943：v—vi

第7話

★1 Cẩm Trọng 2007：114—116 ★2 上田 1996：147 ★3 Cẩm Trọng 2007：123—124
★4 Cẩm Trọng 2007：124—125 ★5 Cẩm Trọng 2007：126—127 ★6 Cẩm Trọng 2007：127—128
★7 飯島 1996：13—14 ★8 Cẩm Trọng 2007：117—118
★9 グエン・ティ・ホン・マイ 2018

第8話

★1 ムオンタインホテルグループの公式HP（https://muongthanh.com/about.html）から About us のページ
★2 武内 2003：694—695 ★3 樫永 2001：275 ★4 樫永 2001：274
★5 http://dwrm.gov.vn/index.php?language=vi&nv=news&op=Hoat-dong-cua-dia-phuong/Dai-thuy-nong-Nam-Rom-o-Dien-Bien-Cong-trinh-mang-suc-tre-7082 ベトナム天然資源環境省水資源管理局HP「ディエンビエンにおけるゾム川大灌漑システム——若いエネルギーによる工事」（2018年5月3日）
★6 ロワ 1965：418

第9話

★1 飯島 1996：18 ★2 飯島 1996：16
★3 飯島 1996：16—17、菊池 2010：132—134
★4 樫永 2017：67—68 ★5 安井 2003：183 ★6 樫永 2010：249—250

第10話

★1 大林 1966：106—107 ★2 岩田 1966：36 ★3 ラフォン 2000

第11話

★1 チャレ 2008：12—13 ★2 チャレ 2008：12—13 ★3 西本 2000：439—442
★4 Robert 1941：8—9 ★5 菊池 1996 ★6 樫永 1999：31—32
★7 樫永 2009：187 ★8 Vương Trung 1967

参考文献

飯島明子　1996　**「「前近代ラオスの歴史」とは何だろうか?」**　綾部恒雄、石井米雄編『もっと知りたいラオス』10—26ページ、東京：弘文堂

今井昭夫　2012　**「「宗教」と「信仰」——公認されている宗教と非公認の宗教」**　今井昭夫、岩井美佐紀編『現代ベトナムを知るための60章（第2版）』194—198ページ、東京：明石書店

岩田慶治　1966　**『日本文化のふるさと——東南アジア稲作民族をたずねて』**角川新書

上田玲子　1996　**「口承文学」**　綾部恒雄、石井米雄編『もっと知りたいラオス』144—155ページ、東京：弘文堂

宇野公一郎　1990　**「ベトナムの還剣湖伝説の形成」**伊藤亜人他『民族文化の世界（下）　社会の統合と動態』360—379ページ、東京：小学館

1999　**「アンズオンおう　安陽王」**　桜井由躬雄、桃木至朗編『東南アジアを知るシリーズ　ベトナムの事典』69—70ページ、東京：角川書店

大西和彦　1999a　**「仏教寺院」**　桜井由躬雄、桃木至朗編『東南アジアを知るシリーズ　ベトナムの事典』285—288ページ、東京：角川書店

1999b　**「宗教」**　桜井由躬雄、桃木至朗編『東南アジアを知るシリーズ　ベトナムの事典』29—31ページ、東京：角川書店

大林太良　1966　**『神話学入門』**中公新書

1991　**『神話の系譜——日本神話の源流をさぐる』**講談社学術文庫

岡田雅志　2012「タイ族ムオン構造再考：18—19世紀前半のベトナム、ムオン・ロー盆地社会の視点から」『東南アジア研究』50（1）：3—38

小川有子　2006「ドゥオンラム村の概要と歴史」『昭和女子大学国際文化研究所紀要　ハタイ省ドゥオンラム村集落調査報告書』11：12—17

小倉貞男　1997『物語　ヴェトナムの歴史——一億人国家のダイナミズム』中公新書

樫永真佐夫　1999「赤タイを訪ねて」ベトナム協会編『ベトナム』1998年3号：23—34

2001「山間盆地の地域性——西北地方ターイの俗諺から」ベトナム社会文化研究会編『ベトナムの社会と文化』3：269—282

2002「黒タイの伝統的政治体系——ベトナム・ギアロ調査より」『民博通信』95：59—75

2009『ベトナム黒タイの祖先祭祀——家霊簿と系譜認識をめぐる民族誌』東京：風響社

2010「ベトナム、黒タイの「亀の甲」型の家」『ヒマラヤ学誌』11：247—257

2017「くにゆずりした先住の人たちの行方——ベトナム、マイチャウにおけるターイの伝承から」『季刊民族学』160：63—74

加藤英一　2013「関係機関等によるベトナム・ドンラム村における国際協力、文化遺産保全及び観光振興のための効果的な連携の考察」『日本国際観光学会論文集』20：89—95

菊池陽子　1996「ラオス内戦から人民民主共和国へ」綾部恒雄、石井米雄編『もっと知りたいラオス』36—43ページ、東京：弘文堂

2010「ラオス史はいつから始まるのか——ランサン王国の創始者、ファーグム」菊池陽子、鈴木玲子、阿部健一編『ラオスを知るための60章』130—134ページ、東京：明石書店

グエン・ティ・ホン・マイ　2018「**カム・チョン――『西北ベトナムのターイ』の功績による2002年国家表彰受賞者**」（樫永真佐夫訳）ベトナム社会文化研究会編『ベトナムの社会と文化』8：266―280

小松みゆき　2004「**ベトナムの蝶々夫人**」『季刊民族学』108：89―100

2015『**ベトナムの風に吹かれて**』角川文庫

2020『**動きだした時計――ベトナム残留日本兵とその家族**』東京：めこん

桜井由躬雄　1995「**歴史を歩く**」桜井由躬雄編『もっと知りたいベトナム（第2版）』10―61ページ、東京：弘文堂

1999a「**ハノイ**」桜井由躬雄、桃木至朗編『東南アジアを知るシリーズ　ベトナムの事典』269―271ページ、東京：角川書店

1999b「**亜熱帯のなかの中国文明**」石井米雄、桜井由躬雄編『新版世界各国史5　東南アジア史Ⅰ　大陸部』177―192ページ、東京：山川出版社

司馬遼太郎　1973『**人間の集団について――ベトナムから考える**』東京：サンケイ新聞社出版局

武内房司　2003「**デオヴァンチとその周辺――シプソンチャウタイ・タイ族領主層と清仏戦争**」塚田誠之編『民族の移動と文化の動態――中国周縁地域の歴史と現在』645―708ページ、東京：風響社

竹内正右　1999『**モンの悲劇――暴かれた「ケネディの戦争」の罪**』東京：毎日新聞社

谷口裕久　2005「**モン――国民国家と「民族」の現在**」綾部恒雄編監修（講座世界の先住民族）ファースト・ピープルズの現在2　東南アジア』98―122頁、東京：明石書店

チャレ　2008『**ラフ族の昔話――ビルマ山地少数民族の神話・伝説**』（片岡樹編訳）東京：雄山閣

トー・ホアイ　1962「**西北地方物語**」5―142頁、トー・ホアイ他『西北地方物語――ベトナム小説集』（広田重道、大久保昭男訳）東京：新日本出版社

西村昌也　2012「ベトナム人の由来——建国神話と銅鼓、そしてベトナム考古学」今井昭夫、岩井美佐紀編『現代ベトナムを知るための60章（第2版）』23—27ページ、東京：明石書店

西本陽一　2000「北タイ・クリスチャン・ラフ族における民族関係の経験と自嘲の語り」『民族学研究』64—4：425—446

古田元夫　2020「残留日本人の日本帰国の背景」小松みゆき『動きだした時計——ベトナム残留日本兵とその家族』217—229ページ、東京：めこん

八尾隆史　1999「レーちょう　黎朝」桜井由躬雄、桃木至朗編『東南アジアを知るシリーズ　ベトナムの事典』350—351ページ、東京：角川書店

安井清子　2003「民族」ラオス文化研究所編著『ラオス概説』171—206ページ、東京：めこん

ラフォン、P.-B. 著

　2000「ソンラとギアロの黒ターイの同姓親族について」（樫永真佐夫訳）『ベトナムの社会と文化』2：320—334

（Lafont, Pierre-Bernard, 1955, Notes sur les familles patronymiques Thai Noirs de Son-la et de Nghia-lo, Anthropos 50: 797-809）

ロワ、ジュール　1965『ディエンビエンフー陥落——ベトナムの勝者と敗者』（朝倉剛、篠田浩一郎訳）至誠堂新書

Boudet, Paul　1943　Saint-Poulouf et la Route de Sonla-Laichau, *Indochine: Hebdomadaire Illustré* 129: iv-vii

Cầm Trọng　2007　*Huyền thoại Mường Then*, Hà Nội: Nxb Văn hoá Dân tộc

Robert, R.　1941　*Notes sur les Tay Dèng de Lang Chánh (Thanh-hoá - Annam)*, Hanoi : Imprimerie d'Extrême-Orient.

Tổng cục Thống kê (biên soạn)

　2000　*Kết quả toàn bộ Tổng điều tra dân số và nhà ở Nam 2019*, Hà Nội: Nxb Thống kê

Vương Trung　1967　*Ing Éng (truyện thơ)*, Hà Nội: Nxb Văn học

時期	世紀	年	ベトナム政治史	ラオス政治史	ベトナム西北部からラオス北部および本書関連	世界情勢
古代国家形成期	-3	前257	甌雒国成立（-前208）			
		前221				始皇帝が中国を統一し秦朝開く
		前207?	趙佗が南越国をたてる			
	-2	前111	南越国滅亡。中国支配はじまる			
	7	679	唐がハノイに安南都護府を置く			
	8		フン・フン、フン・ハイ兄弟が唐の支配に対抗して蜂起、一時的に自治政府をつくるのに成功			
	10	939	ゴ・クエンによって中国からベトナム独立			
土着の国家発展期	11	1010	李朝をたてたリー・タイ・トーが、タンロン（ハノイ）を都に			
	13		チャン・フン・ダオが元寇を撃退			
	14	1353		ファーグム王が仏教国のランサン王国建国		

15	1418	レ・ロイが明に対して挙兵			
	1428	黎朝成立。レ・ロイが初代皇帝レ・タイ・トーに就任。			
	1460	レ・タイン・トンが第五代皇帝に就任			
16	1527		ポーティサラート王が守護霊信仰を禁止。全土の仏教化		
18				ホアン・コン・チャットによるディエンビエン支配	
19		阮朝（1802-1945）			アヘン戦争（1840-1842）
	1828		シャム軍に反攻を企てたアヌ敗北。捕らえられてバンコクで死亡→ビエンチャン、チャンパサックがシャムの支配下に		
	1874	ゴ・クエン神社改修、ギアリン山に雄王陵墓建設		1870年代、ギアロを黄旗軍が支配	
	1887	仏領インドシナ連邦成立（インドシナ総督府設置）			
	1890			ムオン・ライ白タイ首領デオ氏、フランスに投降	
	1899		フランスの保護領として、仏領インドシナに編入		
20	1911			ハノイにオペラハウス建設	
	1914				第一次世界大戦（-1918）

20

1918			ベトナム西北部からラオスでモンによる「パー・チャイの叛乱」（1918-1921）	
1925			チュア出生（トゥアンザオ）	
1933			ビエン出生（ギアロ） カム・ズン逮捕、マイソン首領カム・オアイ死去。ハノイからライチャウまで500キロの自動車道路全線開通	
1934			カム・チョン出生	
1939				第二次世界大戦（-1945）
1940				フランス、ドイツに降伏
1941			『ランチャインのタイ・デンに関する覚え書き』刊行	
1945	3月、仏印処理により日本支配はじまる。日本降伏後、ホー・チ・ミンが「8月革命」および、独立宣言	4月、日本の後押しでルアンパバン王国独立。ラオス初の民族運動「ラオ・イッサラ」開始		第二次世界大戦終結
1946	3月10日、雄王陵墓で命日の祭礼。ホー・チ・ミン主席参列。フランスがベトナム南部を再占領。 インドシナ戦争勃発（1946-1954）	フランスがラオスを再植民地化		

1948			フランスが西北部にターイ、ムオンそれぞれによる民族自治国を発足させる	
1949		ラオス・フランス独立協定で、フランス連合内でのラオス王国独立が承認（実態はフランスによる支配）		中華人民共和国成立
1950	中ソが「ベトナム民主共和国」承認。アメリカが「ベトナム国」を承認し、インドシナ軍事援助開始。			朝鮮戦争（1950-1953）
1952			トゥアンチャウ首領バック・カム・クイはフランスへ亡命	
1953		ラオス完全独立		
1954	ディエンビエンフー陥落→ベトナム独立条約調印。ベトナム南部ではゴ・ディン・ジエム擁立	ポンサリー、サムヌア2省が「ネオ・ラオ・イッサラ」による解放区。それ以外がルアンパバン王国政府としてアメリカの支援	トー・ホアイ『ア・フウ夫婦物語』文芸一等賞受賞	
1955	ベトナム共和国（南ベトナム）成立		タイ・メオ自治区（後に「西北自治区」に改称）成立（-1975）	
1956			ラフォンがフランス極東学院ビエンチャン支部長に就任	中ソ論争と中ソ対立
1957			岩田慶治ラオス訪問	
1958				中国「大躍進」政策
1959	ホーチミンルート建設開始	ラオス内戦		

	1962			ディエンビエンでゾム川開発事業開始	
	1965	アメリカによる北爆恒常化			
	1966				中国「文化大革命」始まる
	1967			ヴォン・チュン『イン・エン』刊行	
	1971			赤タイのフィエンガム村（ルアンナムター）できる	
	1973	ベトナム戦争からアメリカ撤退		司馬遼太郎、ベトナム滞在	
	1975	ベトナム南北統一	ラオス人民民主共和国成立		
集団化時代	1976	ベトナム社会主義共和国成立。「バオカップ時代」（1976-1986）はじまる			
集団化時代	1978	カンボジア侵攻。54民族の公定		カム・チョン『西北ベトナムのターイ』刊行	
集団化時代	1979	中越国境紛争			
市場経済化以降	1986	「ドイモイ」採択で市場経済化	「チンタナカーン・マイ（新思考）」採択で市場経済化	1990年代 タウプン村の「ひょうたん岩」爆破	
市場経済化以降	1989				中ソ関係正常化／「ベルリンの壁」崩壊
市場経済化以降	1995	ASEAN加入			
市場経済化以降	1997		ASEAN加入	ムオンタイン・ホテル第1号オープン	アジア通貨危機

21

1999			『モンの悲劇』刊行	
2000		49民族を公定		
2003			ドゥオンラム村保存事業開始	
2004	ディエンビエンフーの戦勝50周年			
2008			映画『グラン・トリノ』公開	
2016			ホアンキエム湖のカメ絶滅	
2017	天皇訪越			

民族イメージファイル

本書に登場する民族を、著者独自の視点から説明する。

ベトナムの人口は2019年、ラオスの人口は2015年のデータを参照。

❶ムオン

◉ベトナムでの公式民族名はムオン。これはフランス植民地期についた他称で、自称はモルまたはモイ。人口百四十五万人（一・五％）。キン族が占める紅河デルタと、タイ系民族が占める北部山地とのあいだの低地に水田を拓く。

言語的にはベトナム語に近いいっぽう、物質文化や社会組織はタイ系民族に近い。

伐った薪を籠に背負って村へと戻るホアビン省タンラック県付近のムオンの女性
手拭いを鉢巻きのように巻き、額のバンドで籠を負う
巻きスカートはヒザ下までたくしあげて歩き易くしている
どんな地方の市場でも売っているクリーム色のゴムスリッパ

❷黒タイ　白タイ　赤タイ

◉ベトナムでの公式民族名はいずれもターイ。ラオスではタイ。ベトナムに百八十二万人（一・九％）、ラオスに二十万人（三・一％）の大きなタイ系民族。

ベトナム西北部を中心に、ラオス、中国雲南省にも居住し、山間盆地に水田を拓く。

上座仏教を受容していないが、経典の継承は無関係に古クメール系の独自の文字をもつ。絹と綿の染織品が有名。

刺繍で飾られた黒タイの頭衣
天びん棒の竹棒
右の女性はふつうのボタンシャツ
売れ残り(?)のタケノコの束
紋織りの肩提げカバン
中身はなに？
蝶の形の銀ボタン。
女性のシャツの前側にこのボタンが並んでいる。
黒タイと白タイの一部が用いる
市場でみかけた黒タイ女性

山に行くか遠出の際には
籠を負って行く。中に黒い
コウモリ傘や長刀などが入って
いることも。
ウリやキャッサバなどを市場にもって
いくときもこれに入れる。
背負いヒモも竹編みだが、
最近は厚いナイロン紐を裂
いて太ヒモ状にしたものなども
ある。
底は四角く、頭は丸い竹製

❸ モン

◉中国の苗族《ミャオ》がルーツだが、ミャオやメオは蔑称だとされ、ベトナム、ラオス、タイではモンとよぶ。ベトナムに百三十九万人（一・四％）、ラオスに五九・五万人（九％）。

高地を広範囲に焼畑にし、古くは村単位で移住を繰り返したが、二十世紀以降定住化が進む。

刺繍や、麻と綿による染織品が有名。また狩猟、鉄鍛冶などが得意とされる。

❹ ヤオ

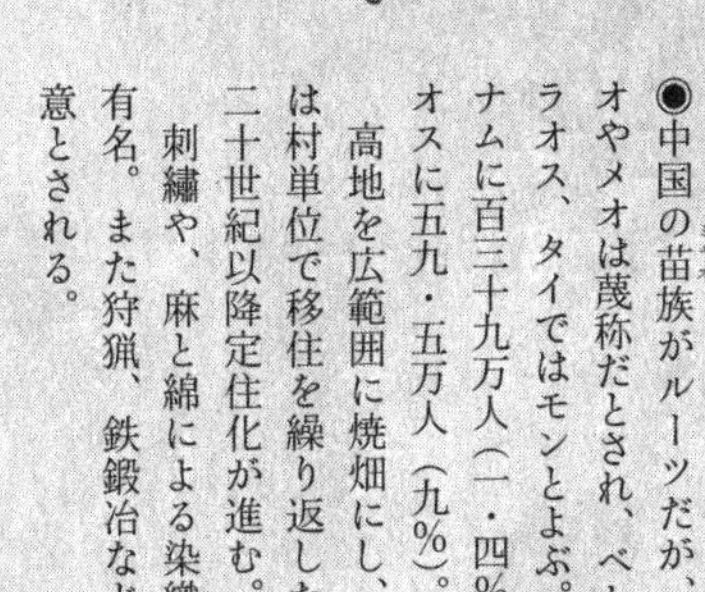
地は濃紺の藍染木綿布
祈祷師(道士)が儀礼を行う際に
頭につける装飾は刺繍で漢字や
図像が描かれている

◉中国の瑶族《ヤオ》がルーツで、ベトナムではザオ、ラオスではユーミエン、タイではミエンとよばれる。ベトナムに八十九万人、ラオスに二・七万人居住。レンテン（藍靛）はサブグループの一つ。

モンと同じく高地に焼畑を拓き、古くは村単位で移住を繰り返したが、二十世紀以降定住化が進む。

刺繍や、ろうけつ染めなどによる染織品が有名で、また薬草知識が豊富とされる。

ザオ　レンテン

⑤キン族

◉キンは漢字で「京」、つまり「みやこの人」を自称。別名ベト（越）。「越」は、古代中国で南の辺境に住む異民族たちのこと。

　ベトナムでの人口八千二百八万人（八五・三％）。キン族のことばがベトナム語。

　紅河デルタを古くから開発し、米の高い生産力を背景にして人口を増やし、十世紀には中国から独立。その後、中国モデルの王朝国家を築いた。

笠のヒモは、ヒモというより薄い布
ザルのフタを裏返しにしてザルの上にのせ、その上に果物を積んで何を売っているのかを見せている。
底にも果物あり
天びん棒で果物を担いで町なかで行商する女性

⑥タイー

◉ベトナム東北部の低地に水田を拓くタイ系民族。人口百八十五万人（一・九％）を擁するベトナム最大の少数民族で、中国最大の少数民族、壮《チワン》族と同族とされる。

　東北部は対中国の防衛の要衝のため十七世紀にはベトナム王朝の一部となり、キン族の文化的影響が強い。

　少数民族初の総書記ノン・ドゥック・マイン（在任二〇〇一－二〇一一）は、ホー・チ・ミンの隠し子とのウワサ。

スイギュウ小屋

東北部の山あいに田畑を背にしてたつ重厚感のある高床木造家屋も最近はほとんど見なくなった。タイーはもっともベトナム化が進んだタイ系の民族。

⑦ ホア 漢族

◉ベトナムでの公式民族名はホア（華）。人口七十五万人（一〇％）。

都市部の商人が多く、ベトナム最大の居住地域はホーチミン市チョロン地区。

西北部でも前近代から水陸の交易路を行き来し市場周辺に居住していたが、中越紛争（一九七九年）を機に多くが帰国、移住、または同化。

頭には現地の少数民族の人もよく巻いている市販の布（中国製）
ベトナム語以外に少数民族の言語もいくつか話せるヨ
豆腐は大きなビニールのシートに包まれ、銀だらいに入っていて、大きな包丁で切って計り売りする
キン族の市場の女性とも衣装は同じ。道具、売り方も同じ

市場で豆腐を売る中越国境近くの町の漢族女性

⑧ ラオ

◉十四世紀にラオスを建国したタイ系民族。ラオ語が国家語としてのラオス語。ラオスに三百四十万人以上（五三％）。

ラオスにおける高度別民族分類で「低地ラオ」の代表的民族。灌漑水稲耕作を行い、上座仏教を信奉する。

ベトナムには国境地域を中心に一・七万人居住。

色とりどりの花で美しく豪華に飾っている
たくさんの木綿糸。儀礼のおわりに、参加者たちが互いの手首に結び合って祝福し合う
卓上には、バナナ、鶏肉、鶏卵その他の食材が次々に並べられる
水
ウィスキー

人生の節目節目に「パーシー」の儀礼を開いて福を祈る

⑨ ルー

北ラオスのルーの村で
ときどき見る村の守護霊を
祀る石組み。たのはセメント製。
上座仏教化しているが精霊祭祀も盛ん

◉ベトナムでは中越国境近くに多く人口一万人以下だが、ラオス北部には十二万人（一・八％）以上居住するタイ系民族。

中国雲南省シプソンパンナー（西双版納）を中心に、盆地に水田を拓き、上座仏教王国を十四世紀以来築いてきた。中国ではタイ族として分類。

⑩ アカ

さまざまな色と形のジュズダマで
文様を布の上に描き出している
土産物の腕輪

◉ラオス北部を中心に十一万人（一・七％）以上居住するチベット・ビルマ語系の高地民。

ベトナムにはその同民族とされるハニが二・五万人。だがアカとの文化的ちがいは大きい。

かつて半遊動的な焼畑耕作民だったが、現在は定住化が進む。

上座仏教化せず、精霊崇拝を維持してきた。

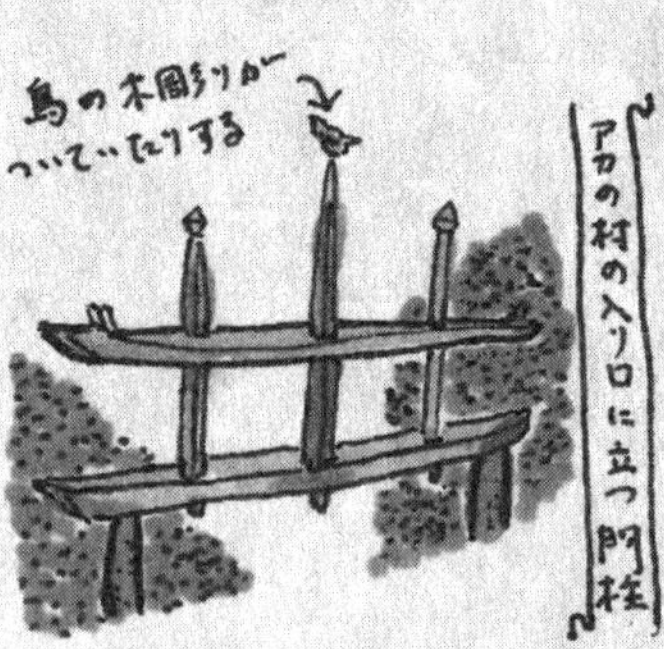

鳥の木彫りがついていたりする
アカの村の入り口に立つ門柱

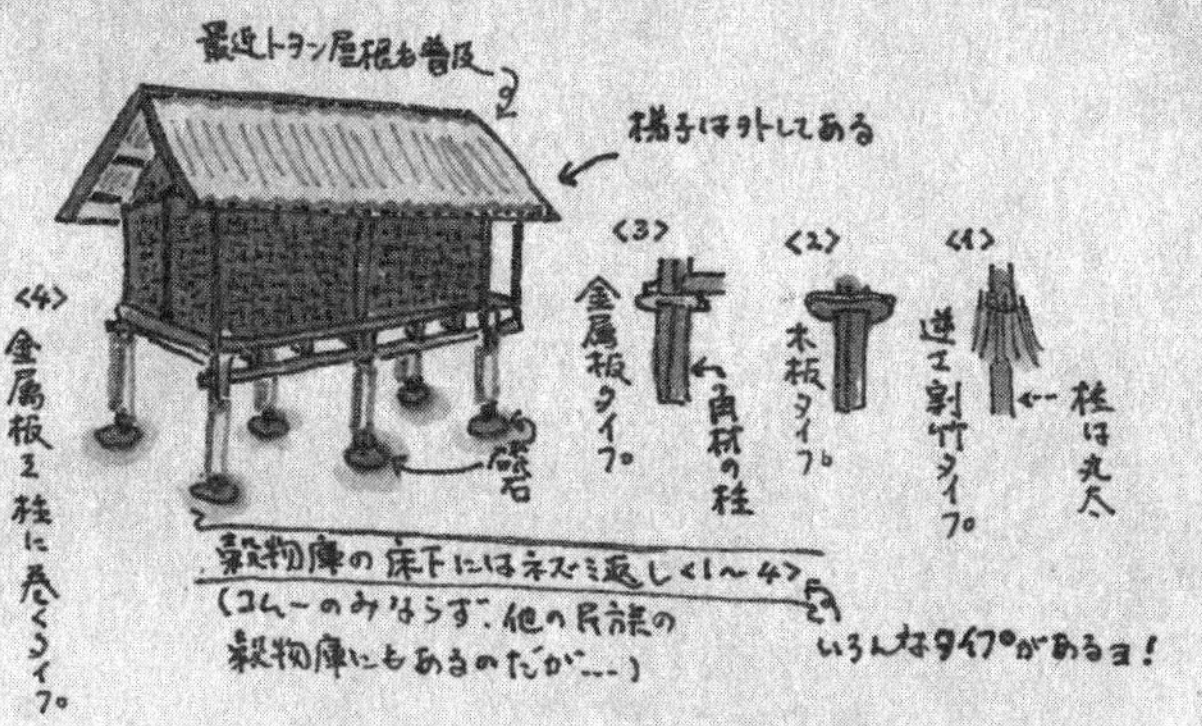

最近トタン屋根が普及
梯子は外してある
<4> 金属板を柱に巻くタイプ
<3> 金属板タイプ
角材の柱
<2> 木板タイプ
<1> 逆さ割竹タイプ
柱は丸太
礎石
穀物庫の床下にはネズミ返し<1～4>
(コム〜のみならず、他の民族の穀物庫にもあるのだが…)
いろんなタイプがあるヨ!

⑪ コム（カム、クム）

◉ラオスに七十万人（一〇%）以上居住する「山腹ラオ」の代表的なモン・クメール語系民族。ベトナムでも西北部を中心に人口九万人。

タイ系民族が東南アジア大陸部を広く占める以前からの先住民とされる。

谷奥で焼畑や水稲耕作を行い、竹や籐細工などの制作で有名。

⑫ ラフ

◉チベット・ビルマ語系の高地民。

植民地の拡大を目論むイギリスとのあいだで中国の領土分割が進んだ十九世紀末に雲南省から拡散し、タイとミャンマーに十万人以上、ラオスに一・九万人、ベトナムに一・二万人居住。

焼畑耕作民とされるが、ベトナムでは狩猟採集生活が主だったとされる。タイでは精霊崇拝をやめキリスト教化も進む。

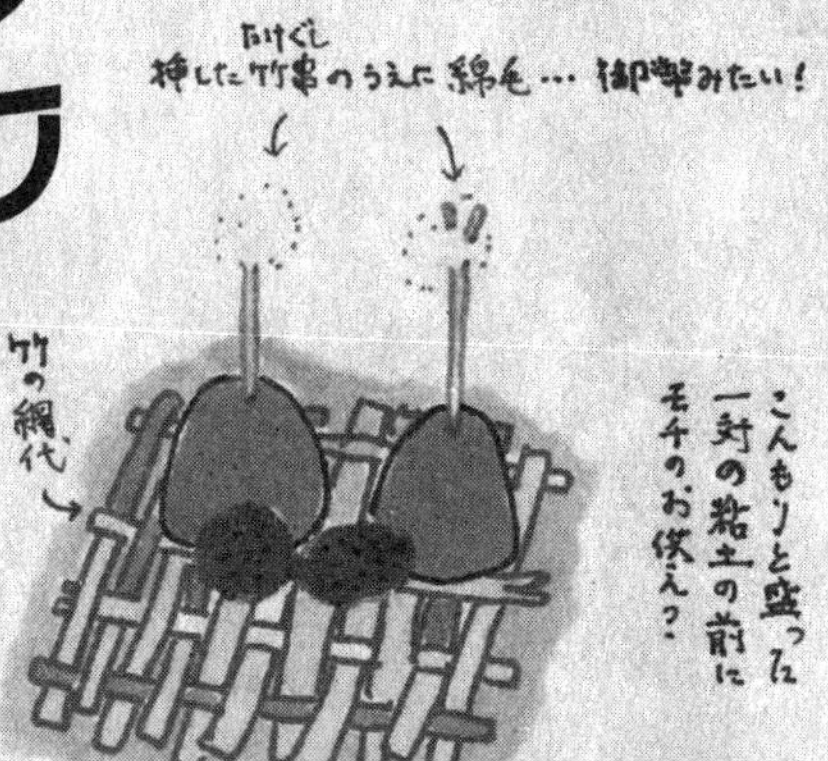

挿した竹串《たけぐし》のうえに綿毛…御幣みたい!
竹の網代
こんもりと盛った一対の粘土の前にモチのお供え？
ブタを殺して精霊に祈祷したときのお供え

◎プロフィール
樫永真佐夫（かしなが・まさお）
1971年兵庫県生まれ。2001年東京大学大学院総合文化研究科博士課程単位取得退学。博士（学術）。専門は文化人類学、東南アジア民族学。第6回日本学術振興会賞受賞（2010年）。現在、国立民族学博物館教授、総合研究大学院大学教授。主著書として、『殴り合いの文化史』（左右社、2019年）『黒タイ歌謡〈ソン・チュー・ソン・サオ〉　村のくらしと恋』（雄山閣、2013年）、『黒タイ年代記〈タイ・プー・サック〉』（雄山閣、2011年）、『ベトナム黒タイの祖先祭祀　家霊簿と系譜認識をめぐる民族誌』（風響社、2009年）など。

道を歩けば、神話

ベトナム・ラオス つながりの民族誌

2023年11月30日　第一刷発行

著者　**樫永真佐夫**
発行者　**小柳学**
発行所　**株式会社左右社**
東京都渋谷区千駄ヶ谷3-55-12 ヴィラパルテノン B1
TEL　03-5786-6030　FAX　03-5786-6032
https://www.sayusha.com

装丁・レイアウト　**矢萩多聞**
イラスト（カバー・各話扉・本文）&写真　**樫永真佐夫**
印刷　**モリモト印刷株式会社**

ISBN 978-4-86528-392-1